Zentrum Moderner Orient
Geisteswissenschaftliche Zentren Berlin e.V.

■ Thomas Rottland

Von Stämmen und Ländern und der Macht der Karte. Eine Dekonstruktion der ethnographischen Kartierung Deutsch-Ostafrikas

Arbeitshefte 21

Klaus Schwarz Verlag Berlin

Die Deutsche Bibliothek - CIP-Einheitsaufnahme

Thomas Rottland: Von Stämmen und Ländern und der Macht der Karte. Eine Dekonstruktion der ethnographischen Kartierung Deutsch-Ostafrikas. Zentrum Moderner Orient. - Berlin : Schwarz 2003
   (Arbeitshefte / Zentrum Moderner Orient, Geisteswissenschaftliche Zentren
   Berlin e.V. ; 21)
   ISBN 3-87997-609-0

Zentrum Moderner Orient
Geisteswissenschaftliche Zentren Berlin e.V.

Kirchweg 33
14129 Berlin
Tel. 030 / 80307 228

ISBN 3-87997-609-0
ARBEITSHEFTE

Bestellungen:
Klaus Schwarz Verlag
Bergstraße 2
12169 Berlin
Tel. 030 – 729 29 44

Redaktion und Satz: Margret Liepach
Einbandgestaltung: Jörg Rückmann, Berlin

Druck: Offset-Druckerei Gerhard Weinert GmbH, Berlin
Printed in Germany 2002

Gedruckt mit Unterstützung der Senatsverwaltung
für Wissenschaft, Forschung und Kultur, Berlin

Inhalt

Einleitung   7

TEIL I: Zu Raum, Karten und Ethnizität

1 Geographische Konzepte von Raum   13
   Das Raumkonzept der modernen Geographie   13
   Geographische Imaginationen   14
   Das Konzept der sozial-produzierten „Räumlichkeit"   15
   Die Produktion von kolonialem Raum (Teil 1)   17

2 Ein „neues" Kartenverständnis   20
   Von transparenten und opaken Karten   21
   Brian Harley und der Begriff der Dekonstruktion   22
   Der Wert des neuen Kartenverständnisses   23

3 Die Macht der Karte   25
   Die Autorität der „objektiven" Karte   25
   Die kartographische Konstruktion von Raum   29

4 Ethnizität und ihr Raumbezug   32
   Ethnizität, ethnische Gruppen und Stämme   32
   „Die Erfindung von Stämmen": Ethnizität in Ostafrika   36
   Der Raumbezug von Ethnizität   39
   Ethnizität und Territorialität in Afrika   41

5 Die Problematik ethnographischer Kartierung (Teil 1)   43
   Zur Geschichte ethnographischer Karten   43
   Der politische Aspekt ethnographischer Karten   45

6 Zum Ansatz der dekonstruktivistischen Interpretation (nicht nur) ethnographischer Kartierung   47
   Eine vorläufige Zusammenfassung   47
   Zum praktischen Vorgehen   49

TEIL II: Die ethnographische Kartierung von Deutsch-Ostafrika

7 Das deutsche Interesse an Ostafrika im 19. Jahrhundert   57
   Die europäische Erforschung Ostafrikas im 19. Jahrhundert   57

Die Rolle der deutschen Geographie 58
Die Gründung der Kolonie Deutsch-Ostafrika 60

8 Allgemeine Aspekte der Kartierung Deutsch-Ostafrikas 62
Frühe Einzelinitiativen 62
Die Rolle der „Lehnstuhl-Kartographen" 63
Die planmäßige Kartierung Deutsch-Ostafrikas 66
Die Produktion von kolonialem Raum (Teil 2) 68

9 Konzepte ethnographischer Kartierung in den Karten Deutsch-Ostafrikas 72
Rassen, Stämme und Sprachfamilien 73
Die Verortung afrikanischer Kulturen 76
Häuptlingssitze, Länder und Landschaften 78

10 „Beiläufig und amateurhaft" - die Ethnographie Deutsch-Ostafrikas 81
Die Ethnographen 81
Der ethnographische „Leitfaden" 85
Die Informanten 86
Die Konstrukteure ethnographischer Karten 88

11 Die Problematik ethnographischer Kartierung (Teil 2) 89
Die Schwierigkeit der ethnographischen Grenzziehungen 89
Die Betonung politischer Kategorien 90

12 Die Macht der ethnographischen Karte - die Produktion von kolonialem Raum (Teil 3) 91
Das Sicherheitsinteresse der Reisenden 92
Das wissenschaftliche Interesse 93
Das kultur-missionarische Argument 94
Die ethnographische Imagination als Suche nach Arkadien 96
Das kolonialpolitische Interesse einer effizienten territorialen Verwaltung 97
Kolonial-ökonomische Interessen 99
Das koloniale Interesse eines sozial geordneten und erfassbaren Raumes 100

Schlußbetrachtung 107
Bibliographie 111

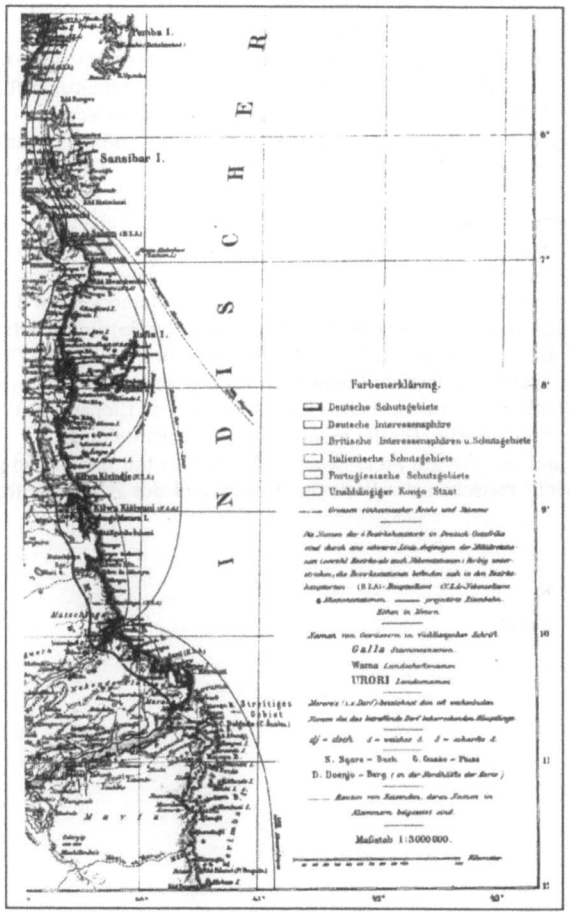

Abb. 1: Legende der Karte Äquatorial-Ostafrika von R. Kiepert (1891)

Danksagung

Danken möchte ich allen, die mir in verschiedener Weise in den unterschiedlichen Etappen bei der Fertigstellung dieser Arbeit halfen.

Jürgen Pohl vom Geographischen Institut der Universität Bonn danke ich für seine maßgeblichen Hilfe bei der Konzeption der Arbeit und für das Eröffnen der Welt der sozialen Räume. Jan-Georg Deutsch von der University of Oxford gab mir wertvolle Anregungen zum Thema koloniale Kartographie und motivierte mich durch seine Begeisterung für das Thema. Achim von Oppen vom Zentrum Moderner Orient, Berlin, danke ich für wichtige inhaltliche Hinweise und nicht zuletzt für sein Engagement, welches das Zustandekommen dieser Publikation ermöglichte. Stefan Zögli vom Geographischen Institut der Universität Bonn und Uwe Steinberg haben entscheidenden Anteil an der Fertigstellung der CD-ROM. Wolfgang Meinecke von der Kartenabteilung der Staatsbibliothek Berlin (Potsdamer Straße) und Martin Schuppenhauer haben mir beim Auffinden der Karten geholfen. Bettina Busch, Regina Kochs und Franz Rottland danke ich für die erste Durchsicht der Arbeit und für stilistische und inhaltliche Hinweise; Margret Liepach vom Zentrum Moderner Orient, Berlin, für die redaktionelle Endbearbeitung.

Regina und Severin gilt mein Dank dafür, daß sie mir halfen, ein gesundes Gleichgewicht zwischen der Welt der Karten und des Alltags aufrechtzuerhalten.

Thomas Rottland

Einleitung

Der eingangs abgedruckte Kartenausschnitt zeigt die Legende einer offiziellen deutschen Karte von Ostafrika aus dem Jahre 1891, dem Jahr, in dem die Kolonie Deutsch-Ostafrika gegründet wurde[1]. In der Legende finden sich eine ganze Reihe von Kategorien, die einer räumlichen Ordnung dienen. Die „Schutzgebiete" – so der damals offizielle deutsche Sprachgebrauch für Kolonien – der einzelnen Kolonialmächte sind markiert, ebenso die „Grenzen einheimischer Reiche und Stämme". „Stammesnamen" werden noch einmal separat aufgeführt, optisch gruppiert mit „Landschaftsnamen" und „Landesnamen". Weiterhin wird auf die Nennung des „Namens des das betreffende Dorf beherrschenden Häuptlings" hingewiesen. Was hat es mit solchen und anderen in weiteren Karten verwendeten Kategorien auf sich? Wie wurden „Stämme" definiert? Wie „Länder" und „Landschaften"? Wie kamen *diese* ethnographischen Informationen auf *diese* Karte? Aus welchen Gründen wurde die ethnographische Kartierung Deutsch-Ostafrikas betrieben? Warum hielten die Beteiligten es für angemessen und für nötig, das Territorium der Kolonie in solcher Art darzustellen? Und in welcher Form besitzt eine Kartierung in einem solchen kolonialen Kontext einen spezifischen Charakter?

In der vorliegenden Arbeit unternehme ich den Versuch, koloniale Karten von Deutsch-Ostafrika und die darin enthaltenen ethnographischen Informationen bezüglich ihres Produktionskontextes und ihrer kartographischen Wirkung zu beleuchten und kritisch zu bewerten. Das Ziel einer solchen dekonstruktivistisch orientierten Karteninterpretation ist es, Beziehungsstrukturen zwischen Kartierung, Raumstruktur, Territorialität und Ethnizität sowohl auf theoretischer Ebene als auch im konkreten politischen, wissenschaftlichen und kulturellen Kontext der deutschen Kolonialphase um 1900 aufzuzeigen. Mit dieser Arbeit möchte ich die Schnittstellen innerhalb der wissenschaftlichen Diskurse über koloniale Konzepte von Ethnizität einerseits und der Produktion von sozialen Raumstrukturen durch Kartierung andererseits theoretisch erörtern und anhand von Kartenbeispielen veranschaulichen. Dabei gilt mein Interesse insbesondere den Machtstrukturen und -prozessen, die eine kartographische Konstruktion von Räumen impliziert.

In einem weiter gefaßten Rahmen möchte ich einen Beitrag zur noch wenig entwickelten wissenschaftlichen Diskussion über koloniale Kartographie leisten. Es gibt zwar lebendige und fruchtbare Diskussionen über ein neues dekonstruktivistisches, betont anti-positivistisches Karten- und Kartographieverständnis (u.a. Edney 1996; Harley 1988b; 1989; 1990; Turnbull 1993; Wood 1992) und über Konstruktion und Produktion kolonialen Raumes (u.a. Carter 1987; Gregory 1998a; Noyes 1992). Doch sie berühren nur peripher die Spezifika von kartographischer Raumproduktion, so wie generell Kartographie und Kartierung im kolonialen Kontext eine untergeordnete Rolle im wissenschaftlichen Diskurs spielen. Im besonderen die Aufarbeitung Afrikakolonialer Kartographie steht noch am Anfang. Einen sehr wichtigen Beitrag hat hierzu in jüngerer Zeit Imre Joseph Demhardt (2000) mit seiner ausführlichen Beschreibung des deutschen Beitrages zur kartographischen „Entschleierung Afrikas" geleistet. So sehr begrüßenswert diese Arbeit ist, so offenbart sie aber gleichzeitig auch das derzeitige Manko der diesbezüglichen Forschung. Demhardts Arbeit ist wie die meisten vorhandenen Arbeiten zu Kartographie und Kartierung im Kontext der Kolonialisierung Afrikas (Brunner 1987a; 1994; Stone 1988; 1994; 1995) und insbesondere zur Kartierung deutscher Kolonien (Brunner 1990; Kretschmer 1990) überwiegend deskriptiv. Die wenigen Ausnahmen analytischer Arbeiten (Bassett 1994; James 1988; Noyes 1994; Worby 1994) lassen das Forschungsdesiderat diesbezüglich um so größer erscheinen.

Zu einer vertiefenden Diskussion des gewählten Themas haben mich besonders zwei Arbeiten angeregt. John Noyes hat 1994 den bemerkenswerten Artikel „The natives in their places" zur ethnographischen Kartierung Deutsch-Südwestafrikas veröffentlicht. Bemerkenswert nicht nur, weil sie die einzige publizierte Arbeit zur ethnographischen Kartierung deutscher Kolonien überhaupt ist; bemerkenswert auch, weil sie eine der wenigen Arbeiten zu Afrika-kolonialer Kartographie ist, die empirisch konkret *und* analytisch präzise ist. Wenn auch die inhaltliche Gewichtung gegenüber meiner hier vorliegenden Arbeit eine andere ist, fühle ich mich verpflichtet, sie eine Inspiration für meine Arbeit zu nennen. Ebenso muß ich den Artikel „Maps, Knowledge und Power" des britischen Kartenhistorikers Brian Harley von 1989 erwähnen, der mich – lange vor der Arbeit an dieser Studie – eine andere, neue Welt der historischen Kartenbetrachtung erahnen ließ (nicht nur, aber vor allem der historischen).

Die über das Theoretische hinausgehende Beschäftigung mit Fragen der Kartographie und Kartierung ist ohne anschauliche Beispiele zwangsläufig unbefriedigend, da die Leser den Ausführungen sozusagen blind vertrauen müssen – oder eben auch nicht. Dies kann nicht im Sinne einer wissenschaftlichen Arbeit sein. Aus diesem Grund, aber auch weil noch wesentlich mehr in den Karten zu entdecken ist, als ich in der Arbeit ansprechen kann, habe ich mich dafür entschieden, eine relativ große Zahl von Kartenbeispielen in Form einer CD-ROM beizufügen, auch wenn manche dieser Karten im Text nur kurz angesprochen werden. Ich möchte die Kartenzusammenstellung zunächst einmal natürlich in Verbindung mit der inhaltlichen Aussage meiner Arbeit verstanden und genutzt wissen, aber eben bewußt auch ohne sie, als Anreiz einer weiteren Beschäftigung mit diesen oder auch anderen kolonialen Karten. Auch wenn die sinnliche Begegnung mit den Karten durch die Verwendung des (kostengünstigen) Mediums der CD-ROM sehr stark eingeschränkt ist, so hoffe ich trotzdem, durch die Kombination aus Text und Kartenbeispielen den Reichtum dieser Karten vermitteln zu können.

Thomas Rottland

Teil I

Zu Raum, Karten und Ethnizität – Theorie und Methodik

1 Geographische Konzepte von Raum

Karten sind Instrumente, um die physische und soziale Umwelt zu visualisieren und zu ordnen. Sie sind das wichtigste Werkzeug der Menschheit, die Erde und das Universum in allen erdenklichen Maßstäben in seinen räumlichen Strukturen zu begreifen.[2] Da Karten im Prinzip alle Möglichkeiten von Visualisierung, graphischer Kommunikation und, eingeschränkt, geschriebener Sprache ausnutzen können, sind sie vermutlich die komplexeste Form, Wissen aufzuzeichnen (im wahren Sinne des Wortes) und zu verbreiten. Kurz gesagt: Karten bilden Räume (ab). Die doppeldeutige Formulierung spricht eine wichtige Frage in der Kartographietheorie und -geschichte an. Übertragen Karten vorhandene Räume mehr oder weniger genau auf eine zweidimensionale Ebene oder konstruieren sie diese Räume erst durch den Akt der Kartierung? Die Beantwortung dieser Frage hängt untrennbar mit der Frage zusammen, wie „Raum" ist oder sein kann. Denn ein wie auch immer geartetes Verständnis von Karten ist nicht ohne ein ihm zugrunde liegendes Verständnis von Raum denkbar.

Das Raumkonzept der modernen Geographie

Eine Grundlage der modernen Geographie und Kartographie von entscheidender Prägung war und ist – eng assoziiert mit den Leitideen der modernen Wissenschaft: Systematik, Universalität und Empiristik – ein Raumbegriff, der streng geometrischen Regeln folgt. Raum ist hiernach eine statische, unveränderbare Bühne, ein Behälter. Raum kann nach den Regeln der euklidischen Geometrie vermessen werden, d.h. er ist mit geometrischen Einheiten und geodätischen Koordinaten, in Entfernungen wie in Längen- und Breitengraden erfaßbar. Auf der Grundlage dieses Raumverständnisses gibt es die Beschäftigung mit der materiellen Ebene, der „dinglich erfüllten Erdoberfläche" (Leser & Schneider-Sliwa 1999: 188). Diese Beschäftigung beinhaltete noch bei Alexander von Humboldt vor allem die Beschreibung physiogeographischer Faktoren, ausgehend von Carl Ritter, dem „ersten wissenschaftlichen Geographen" (*ibid.*, 24), der die Beschreibung und Erklärung der gegenseitigen Beeinflussung von „Mensch und Natur in der Landschaft" (*ibid.*, 24) untersuchte. Die theoretische und empirische Beschäftigung mit „Naturräumen", in Form von Landschafts- und Länderkunde war das zentrale Betätigungsfeld der Geographie im 19. und frühen 20. Jahrhundert. Dabei konnte die Erdoberfläche, der euklidisch-geometrische Raum, nach objektivwissenschaftlichen Kriterien mehr oder wenige präzise unterteilt und untersucht werden. Es gab innerhalb der modernen Wissenschaft keinen Anlaß den abstrakten (im Sinne von geometrischen) Raum als solchen bzw. seine „Alleinherrschaft" als Raummodell zu diskutieren. Es gab lediglich das Dilemma, daß bis weit ins 20. Jahrhundert hinein noch nicht alle Teile der Erdoberfläche vermessen und kartiert waren.

Geographische Imaginationen

Seit etwa drei Jahrzehnten gibt es disziplinübergreifend in den Geistes- und Sozialwissenschaften eine Renaissance des Raumes, besser gesagt, des räumlichen Denkens. Die Namen Pierre Bourdieu, Michel Foucault, Paul Virillo, Henry Lefebvre, Anthony Giddens und Niklas Luhmann sind hier stellvertretend zu nennen; für die Geographie neben vielen anderen David Harvey, Derek Gregory und Edward Soja. Allein der humangeographische „Raum-Diskurs der letzten zehn bis fünfzehn Jahre hat ganze Bücherwände von Publikationen hervorgebracht und ist sehr komplex und divergent. Ich werde versuchen, einige für das Verständnis des methodischen Vorgehens meiner Arbeit notwendigen Aspekte herauszugreifen und zusammenzufassen, ohne den Anspruch zu erheben, damit annähernd die Bandbreite des „Raum-Diskurses zu erfassen. Es gibt eine große Bandbreite postmoderner[3] Raumvorstellungen, zum Teil „nur" unterschiedlich in der Betonung von spezifischen sozialen Prozessen (geschlechtsspezifisch, schichtenspezifisch, usw.), zum Teil stark divergent bis konträr. Ich werde versuchen, einerseits einen groben Konsens herauszustellen und dabei stark vereinfachen, andererseits aber auch Aspekte hervorzuheben, die mir insbesondere im thematischen Rahmen dieser Arbeit im Umgang mit dem schwierigen Konzept „Raum" nutzbar im Sinne von sinnvoll anwendbar erscheinen.

Zugrunde liegt ein humangeographischer Theorie- und Forschungsansatz, der meiner Ansicht nach treffend mit Derek Gregorys Begriff der „geographical imaginations" charakterisiert ist.[4] Der Begriff „Imaginationen" wäre mit der Übersetzung des englischen *imagination* als Phantasie oder Einbildung hier unzureichend übersetzt. Vielmehr impliziert er Kreativität, Phantasie, Illusion und damit vor allem auch Subjektivität (Hoyler 1998: 77). Mit der Verwendung des Konzepts der Imagination oder Imaginierung verschwindet die harte Trennung von Fakt und Fiktion. Auch verschwindet, ganz im postmodernen Sinne, die Trennung von objektiver, wertungsfreier

Wissenschaft und unwissenschaftlichen Phantasien. Der „neue" Raum-Diskurs ist auch geprägt von der Differenzierung zwischen abstraktem, absolutem Raum (engl. *space*) und emotional und handelnd gelebtem oder erfahrenem Raum (engl. *place*) sowie dem Überdenken raumordnender Konzepte wie „Natur", „Umwelt", und vor allem „Landschaft". Auch der Begriff „Lebensraum" erfährt neue Bedeutungen.[5] Es gibt nach diesem Verständnis keine neutrale Bühne und keine universalen Kategorien von Raum. Raum wird erst im sozialen Zusammenleben sichtbar und dementsprechend durch soziokulturelle Vorstellungen, Normen und Handlungen imaginiert. Andererseits wird aber auch soziales und kulturelles Leben durch räumliche Muster stark geprägt. Die Grundannahme ist, daß die Erforschung der räumlichen Dimensionen sozialen und kulturellen Lebens potentiell die Chance bietet, gesellschaftliche Strukturen in einer anderen, neuen Form wahrzunehmen. Der Wert des Konzeptes der „geographischen Imaginationen" besteht demnach vor allem in einer Sensibilisierung „towards the significance of place, space and landscape in the constitution and conduct of social life" (Gregory 1994a, 217). Ich möchte versuchen, dies zu konkretisieren.

Das Konzept der sozial-produzierten „Räumlichkeit"

Was bei allen Unterschieden in Theoriebezug und politisch-ideologischer Ausrichtung alle postmodernen Raummodelle eint, ist die Distanzierung von der Idee des singulären, universalen Raumbegriffes, der sich auf Geometrie und die „dinglich erfaßbare Erdoberfläche" reduziert. Kritisiert wird vehement die in der Ideologie der Moderne fest verwurzelte Trennung zwischen Raum und Gesellschaft, welche einen universalistischen und statischen Raumbegriff produziert (z.B. Gregory 1998b). Eine solche Trennung verschleiert, daß jede Art von Raumkonzept auf einer Theorie aufbaut und damit immer ein methodisches Konstrukt ist. Das Verständnis des Raumes ist also abhängig davon, wie man ihn ansieht, d.h. vor welchem theoretischen Hintergrund er definiert wird. Dies ist unabhängig davon, ob man noch einen materiellen „Realraum" anerkennt oder nicht. Auch wenn man dies tut, ist jede geographisch-typische Gliederung bzw. Begrenzung des „Realraumes" – in politische, ökonomische, kulturelle, kognitive, identifikatorische und andere Räume – natürlich ein Konstrukt. Von dieser noch recht konservativen Annahme gilt es nun einen Schritt weiter zu gehen, um den „postmodernen Räumen" näher zu kommen. Raum ist immer ein soziales Konstrukt in dem Sinne, daß niemand das vermag, was Donna Haraway „the god-trick of seeing everything from nowhere" nennt.⁶ Mit anderen Worten: Raum, sowohl als Abstraktum als auch als spezifischer Raum, erschließt sich dem Individuum wie auch dem Kollektiv aus einem spezifischen Blickwinkel heraus. Dieser Blickwinkel wird vorgegeben durch das immer und notwendigerweise partiell bezogene Wissen, das eine Person oder ein Kollektiv an einem bestimmten Ort, innerhalb einer bestimmten gesellschaftlichen, sozialen, politischen Gruppe und zu einem bestimmten Zeitpunkt besitzt bzw. produziert. Raum kann somit kein fester Rahmen sein. Er ist erstens wie die „situated knowledges", von denen Haraway spricht, selbst in ständiger Veränderung und zweitens in diesem Sinne nur im Plural denkbar; so wie es *das* Wissen nicht gibt, gibt es nicht *den* Raum. Raum oder Räume existieren nicht aus sich heraus, sie werden ständig aktiv produziert und reproduziert. „[A] critical history of space has to understand that „finding things together" is an active process, a political-intellectual practice" (Gregory 1998b, 57).

Raum ist auch in einem anderen wichtigen Verständnis sozial definiert: Er kann als Bezugsrahmen für soziale Interaktion und individuelle oder kollektive Handlungsweisen angesehen werden. Raum ist dann als Handlungs-, Erfahrungs- und Wahrnehmungsbereich zu verstehen; ein Konstrukt, das durch soziale, kognitive und emotionale menschliche Aktivitäten erzeugt wird und wiederum diese Aktivitäten beeinflußt. Um diese sozialräumliche Dialektik und den damit verbundenen permanenten Veränderungsprozeß von Raum / Räumen begrifflich zu fassen, hat sich in der anglophonen Diskussion der Begriff der *spatiality* etabliert, in etwa mit „Räumlichkeit" zu übersetzen. Natürlich besteht weiterhin die physische Erdoberfläche als eine materielle Basis für soziale Prozesse, da Menschen ja zunächst einmal innerhalb eines physischen Raumes zusammenleben. Insofern ist Raum auch kein *absolutes* soziales Konstrukt. (Dies wird meiner Ansicht nach in einem mitunter allzu abstrakten Raum-Diskurs zuweilen mißachtet.) Der soziale Raum läßt sich wiederum zumindest zum Teil durch Spuren im materiellen Raum nachweisen, etwa durch spezifische Nutzungsformen unterschiedlicher sozialer Akteure. Diese Differenzierung von physischem und sozialem Raum ist aber keinesfalls gleichbedeutend mit der traditionellen, radikalen Trennung zwischen objektivem „Realraum" und subjektivem „vorgestelltem Raum", welche im postmodernen Verständnis meist abgelehnt wird. Die Raumvorstellungen von „natürlichem" und „wahrgenommenem" Raum stehen sich in dem Konzept der *spatiality*, – der sozial-produzierten Räumlichkeit, des „räumlichen Bewußtseins" – nicht mehr dualistisch gegenüber, sie sind Teile *eines* Raumbegriffes. Raum ist also sowohl Basis, Medium als auch Produkt von sozialen Prozessen.

Ein weiterer, sehr wesentlicher Aspekt der Raumbetrachtung schließt sich hier an, der Faktor der Macht. Wenn Räume durch soziale Prozesse ständig neu produziert oder konstruiert werden, wenn sozialer Raum sozusagen zwischen sozialen Akteuren innerhalb eines materiellen Raumes ausgehandelt wird, dann stellt sich die Frage der Machtverhältnisse. Wer konstruiert Räume in welchem Kontext? Für wen? Und mit welchen Mitteln? Welche Repräsentationsformen des Konzeptes Raum sind dominant? Beachtung findet im „Raum-Diskurs in diesem Zusammenhang das Verhältnis von Macht und Wissen. Diesen Zusammenanhang werde ich im folgenden am Beispiel von kolonialem Raum beleuchten.

Die Produktion von kolonialem Raum (Teil 1)

Die Beschäftigung mit Theorien zur Produktion von Raum im kolonialen und kolonialistischen Kontext ist hier naheliegend, nicht nur weil es dem thematischen Rahmen entspricht, sondern auch da in diesen Kontexten die Zusammenhänge von Wissen, Macht und der Produktion von Raum besonders deutlich nachvollziehbar sind. Zunächst noch einmal zur Produktion von Raum im allgemeinen, nicht karten-spezifischen Sinne. Wie bereits deutlich geworden ist, möchte ich den Begriff „Produktion" in einem sehr weiten Sinne verstanden wissen, in der Art, wie Henri Lefebvre es formuliert:[7]

> „Production is not merely the making of products: the term signifies on the one hand ‚spiritual' production, that is to say creations (including social time and space), and on the other material production or the making of things; it also signifies the self-production of a ‚human being' in the process of historical self-development, which involves the production of social relations."

Es geht zunächst um eine Produktion im metaphysischen Sinne. Über Raum nachzudenken, produziert schon einen Raum, der in einer spezifischen Weise konstruiert und geordnet ist. Raum ist aber auch eine Organisationsform des sozialen Lebens und manifestiert sich insofern durch sichtbare, erfahrbare Konsequenzen. So geht es nachfolgend auch um konkrete Räume (wie auch immer sie dann definiert sein mögen), aber Raum ist *zuerst* ein gedankliches Konstrukt, entworfen im Rahmen „situierten Wissens". Ich habe im Rahmen postmoderner Raumkonzepte die Ablehnung universellen, quasi absoluten Wissens angesprochen. Die Produktion von Wissen, im Sinne von auf wissenschaftlichem Wege gewonnenen Kenntnissen, ist immer lokal und in einem bestimmten Kontext situiert. Wissen wird an bestimmten Orten durch bestimmte Personen unter Anwendung bestimmter Techniken, Materialien und Theorien gebildet.[8] Und Wissen wird, einem zentralen Gedanken Foucaults folgend, nie zum Nachteil seiner Produzenten gebildet. In diesem Sinne ist Wissen verortet. Gleichzeitig – auch das ist bereits angesprochen – produziert Wissen Raum, Orte und Territorien. Wir nehmen Raum und Räume so wahr, wie sie uns repräsentiert werden. Und dies ist nicht nur im engen kartographischen Sinne gemeint, was ja nur *eine* Form der Repräsentation darstellt.

Wichtige Aspekte der Produktion von kolonialem Raum hat meines Erachtens Derek Gregory in dem Aufsatz „Power, Knowledge and Geography" (1998a) in prägnanter Form zusammengefaßt. Der Inhalt dieses Artikels liegt den nachfolgenden Ausführungen zugrunde. Für das „Projekt der kolonialen Moderne", für die Produktion kolonialen Raumes war eine eurozentrische Weltsicht ausschlaggebend. Derek Gregory nennt als Pfeiler dieses Eurozentrismus vier geographische Darstellungsformen oder -methoden, die er *geographs* betitelt (*ibid.*, 14). Dies ist erstens die Absolutsetzung von Zeit und Raum. Die koloniale Moderne basierte elementar auf der Produktion und Generalisierung von abstraktem Raum. Das verlangte die Durchsetzung von europäischer Metrik und „Naturalisierung", im Sinne der Absolutsetzung europäischer Konzepte und Inhalte von Geschichte und Geographie (*ibid.*, 16f.) Die Welt wurde zum einen in „Westen" und „Nicht-Westen", zum anderen in „Geschichte" und „(Völker) ohne Geschichte" eingeteilt. Europa wurde subjektiviert und zum Ort gemacht, von dem aus Wissen gestiftet wird. Der zweite *geo-graph* ist für Gregory „die Welt als Ausstellung": Weltausstellungen am Ende des 19. Jahrhunderts produzierten eine doppelte Räumlichkeit. Einerseits wurde Raum produziert, der die Aufklärung, ihre Geschichte und ihren technologischen Triumph abbildete. Andererseits wurde durch die Zurschaustellung exotischer Kulturen ein „unaufgeklärter" Raum („a space of un-Reason") produziert (*ibid.*, 23). Weltausstellungen waren nicht nur ein Raum, in dem Objekte in bestimmter Form ausgestellt wurden, sie waren auch ein Medium, durch das Wissen ausgehandelt und legitimiert wurde. Gegen Ende des 19. Jahrhunderts war der übliche europäische Weg, Wissen von außereuropäischen Räumen zu produzieren, der Prozeß des „Rahmens". Der oft zitierte Begriff des „enframing" wurde von Timothy Mitchell eingeführt und wird von ihm so beschrieben: „ to set the world up as a picture ... [and arrange] it before an audience as an object on display, to be viewed, experienced and investigated"[9]. Das Ungewöhnliche und Bemerkenswerte daran ist, daß in diesem Prozeß des „Rahmens" Objekt und Rahmen als zwei scheinbar unabhängige Dinge auftreten. Der Rahmen ordnet den ungeordneten Inhalt, der Rahmen ist ein Ordnungsprinzip in sich. Dies ist nach Mitchell signifikant für die europäische Moderne. Diese Sichtweise ist kolonial bzw. kolonialisierend, da sie die Macht zur Repräsentation anspricht, indem sie zwischen Repräsentation und Wirklichkeit unterscheidet. Erst durch die „Rahmung" wurde der Blick auf die Welt mit einer „kolonisierenden Objektivität" (*ibid.*, 27) möglich. Den dritten Pfeiler nennt Gregory in Anlehnung an Foucault „normalizing the subject". Nach Foucault wurden moderne Gesellschaften diskursiv konstituiert durch eine Serie „normalisierender" Bewertungen, welche durch ein System von Trennungen und Gegensätzlichkeiten geschaffen wurden. Dies schuf Geographien der trennenden Unterscheidung („geographies of partition") und Räume der Ausgrenzung (*ibid.*, 29). Kolonialismus hat durch die Aneignung von Land viele solcher Räume der Ausgrenzung geschaffen. „Normalisierung der Subjekte" bedarf insbesondere im kolonialistischen Kontext einer Differenzierung. Normalisiert wurde der europäische Blick, normalisiert wurde die europäische Bevölkerung in den Kolonien.[10] Normalisiert wurden nicht die indigenen Koloniebewohner. Im Gegenteil: sie waren Objekte des kolonial-europäischen Blickes, sie waren fremd, sie waren „die Anderen". Und anders war auch die tropische und subtropische Natur, sie wurde als „unnatürlich" wahrgenommen und beschrieben. Dies ist Teil des vierten *geo-graphs*, der Abstrahierung von Kultur und Natur. Natur und Kultur wurden im Zuge der Modernisierung getrennt und einander gegenübergestellt. Natur wurde diskriminiert (d.h. sie bekam einen geringeren Stellenwert, entrückt vom Alltag) und normalisiert (d.h. die Natur der europäischen gemäßigten Breiten war die „normale") (*ibid.*, 35). Jede „andere" Natur war bedrohlich und – bezüglich der Produktion von Raum entscheidend – scheinbar raumlos. Für europäische Angestellte eines innerafrikanischen Handelspostens in Joseph Conrads Erzählung „An outpost of progress"[11] ist die sie umgebende Natur „like a great emptyness... The river seems to come from nowhere and to flow nowither. It flowed through a void." Diese Art von Natur war sozusagen der doppelte Gegensatz zur (europäischen) Kultur, ein wahrhaft „unaufgeklärter" Raum. Um diesen Raum greifbar zu machen, ihn in einen kolonialen, aufgeklärten Kontext zu bringen, stellen die beiden Angestellten sich den Segen der Zivilisation bringenden Kolonisierung vor: „Carlier said one evening, waving his hand about, ‚In a hundred years, there will perhaps be a town here. Quays, and warehouses, and barracks, and – and – billiard rooms. Civilisation...'"

Einen meines Erachtens zentralen Aspekt der Produktion und Konstruktion von Raum an sich und im besonderen von kolonialem Raum illustriert Paul Carter in *The Road to Botany Bay* (1987). Am Beispiel der Kolonisierung des australischen Kontinents demonstriert er ausführlich und schlüssig, daß der Prozeß des Benennens elementar war, um den unbekannten, „ungerahmten" Raum in den Horizont einer europäischen Rationalität zu bringen, ihn den weißen Kolonisatoren vertraut zu machen und ihn gleichzeitig der indigenen Bevölkerung zu entfremden. Carter betont die zentrale Position der Sprache für den Prozeß der Produktion von Raum an sich („Space itself was a text that had to be written before it could be interpreted" [*ibid.*, 41]) und zur Aneignung fremden, kolonialen Raumes im Speziellen:[12]

> „Possession of the land depended on demonstrating the efficacy of the English language there. It depended, to some extent, on civilizing the landscape, bringing it into orderly being. More fundamentally still, the landscape had to be taught to speak." (*ibid.*, 58f)

Und an anderer Stelle:

> „,Home' was a metaphor for the place of speech, the place where language made sense. To be at home in Australia was to be at home in speech. It was the ability to manipulate space, to concentrate it here, to spread it out there." (*ibid.*, 247)

Es geht um die Unterscheidung von *space* und *place*, genauer gesagt um die Umwandlung von *space* in *place* (aus der Sicht der Kolonisatoren). Es handelt sich um eine epistemologische Strategie:

> „What was named was not something out there; rather, it presented a mental orientation, an intention to travel. Naming words were forms of spatial punctuation, *transforming space into an object of knowledge*, something that could be read and explored." (*ibid.*, 67; Betonung, T.R.)

Auf viele der hier angesprochenen Aspekte von Raumproduktion und Raumaneignung werde ich im Laufe der Arbeit zurückkommen.

2 Ein „neues" Kartenverständnis

Der enge Zusammenhang zwischen der Konstruktion von Räumen und Kartierung ist an dieser Stelle bereits offensichtlich. Ich möchte jedoch zunächst einen kleinen Schritt zurückgehen und, analog zu den beschriebenen Raumverständnissen, traditionelle und postmoderne Verständnisse von Karten skizzieren, um das Neue und den Wert des postmodernen Kartenverständnisses und des darauf aufbauenden Interpretationsansatzes von Karten deutlich zu machen.

Von transparenten und opaken Karten

Seit etwa zwanzig Jahren gibt es innerhalb der Kartographiegeschichte vor allem im angelsächsischen Raum so etwas wie einen Paradigmenstreit. (In Deutschland wird, so ist mein Eindruck, die Diskussion ohne nennenswerte Beteiligung zur Kenntnis genommen.) Die Standpunkte lassen sich mit einem von Christian Jacob (1996: 191f.) entliehenen Bild skizzieren. Je nach theoretischem Ansatz werden Karten als „transparent" oder „opak" (also undurchlässig) betrachtet und wissenschaftlich behandelt.

Die „alte Schule", fest in Positivismus und Empirismus verwurzelt, sieht Karten als transparent, als durchsichtig an. Sie sind ein neutrales Archiv für objektives Wissen, für Fakten. Sie sind abstrahierte Imitationen der Realität. Diesem objektiven Wissen gilt auch das wissenschaftliche Interesse bei der Kartenbetrachtung. Durchsichtig sind sie in dem Sinne, daß der Kartenleser, vorausgesetzt er ist mit den Konventionen der kartographischen Abstraktion vertraut, die Informationen innerhalb der Karte ohne Mühe und ohne Hintergrundwissen lesen kann. Die kartographisch dargestellten Informationen werden nach dem Grad ihrer Genauigkeit und Vollständigkeit und nach einer möglichen (negativen, weil verfälschenden) Subjektivität bewertet. Dem Paradigma der transparenten Karte, seit der Aufklärung im westlichen Kulturkreis und dem Wissenschaftsverständnis der Moderne fest verwurzelt, liegt die Annahme zugrunde, daß Karten im Prinzip, d.h. wenn sie nicht bewußt mißbraucht und verfälscht werden, neutrale, also in sich wertfreie Darstellungen einer externen, objektiven Realität sind. Diese Wertfreiheit gilt folgerichtig nur für Karten, die nach den wissenschaftlichen Kriterien der modernen Kartographie geschaffen wurden. Empirische und technische Unzulänglichkeiten können die kartographische Spiegelung der „Wirklichkeit" verzerren. Dies ist ein Problem, welches aber mit verbesserter Datenerfassung, differenzierten Meßmethoden und immer neuen technischen Möglichkeiten der Kartenproduktion (Digitalisierung von Luft- und Satellitenbildern, bessere Farbdifferenzierung usw.) minimiert werden kann.

Bei der opaken Karte, dem Sinnbild der neuen, von postmodernen Konzepten geprägten Kartographietheorie, liegen dagegen die Informationen zum dargestellten Raum niemals offen. Sie bilden keine „externe, objektive Realität" ab, sondern spiegeln vor allem den politischen und kulturellen Kontext der Kartierung und die Intention der Kartenmacher wider. Die Grundannahme ist, daß Karten zwar vorgeben, neutrale Rahmen zu sein, in Wirklichkeit aber immer und aus ihrem Wesen normativ wirken. Mit „wirken" ist gemeint, daß sie dem Betrachter den Blick auf den durch die Karte dargestellten Raum vorgeben. Eine wissenschaftliche Kartenbetrachtung sollte also, gemäß dieses neuen Kartographieverständnisses, nicht vorrangig die Genauigkeit und Übersichtlichkeit einer Karte untersuchen und bewerten, sondern sie in bezug auf ihre Wirksamkeit dekonstruieren.

Brian Harley und der Begriff der Dekonstruktion

Die Dekonstruktion im engeren und ursprünglichen Sinne ist in den 1970er Jahren in der Literatur- und Sprachtheorie populär geworden. Sie geht auf Konzepte des französischen Kulturphilosophen Jaques Derrida zurück, welche stark vom Poststrukturalismus geprägt sind. Relativ schnell hat der Begriff auch außerhalb der literaturtheoretischen Fachdiskussion sowohl in den anderen Wissenschaftsfeldern – nicht zuletzt in der Geographie[13] – als auch in der Öffentlichkeit etabliert. In diesem Kontext ist Dekonstruktion allgemeiner zu verstehen als Synonym für eine postmoderne Herangehensweise, die durch ein „Gegen-den-Strich-Lesen" traditionelle Sichtweisen auf einen Forschungs- oder Betrachtungsgegenstand hinterfragt und ergänzt. „‚Dekonstruktion" bezeichnet viele Dinge. Sie bedeutet „Niederreißen", „Auflösung" und „Ent-Strukturierung"", faßt Pal Dahlerup zusammen (1998: iii), „...im weiteren Sinne umfaßt sie ganz unterschiedliche Denkweisen, die gemeinsam allein das Ziel haben, eine Reihe traditioneller Konzepte – etwa des Textes, der Identität, der Wissenschaft – aufzulösen" (*ibid.*, iii). Nicht nur das Ent-Strukturieren ist aber das Ziel, sondern auch die Betrachtungsgegenstände, also Bedeutungen, Ereignisse und Objekte innerhalb umfangreicherer Strukturen, neu einzuschreiben und zu plazieren (Eagleton 1986: 80). Ein wichtiger Aspekt von Dekonstruktion in diesem Sinne ist das poststrukturalistische Verständnis, nach dem Objekte und Handlungen nicht aus sich selbst heraus erklärbar sind, sondern die Beachtung des historischen Kontextes zum Verständnis des Betrachtungsgegenstandes von entscheidender Bedeutung ist. Der Gegenstand muß gedanklich dekonstruiert werden, um den Kontext seiner Entstehung herauszulösen. Nur dann ist es möglich, die multiplen Aussageebenen, die Texte und Handlungen neben der oberflächlich-offensichtlichen mitführen, zu erkennen und zu bewerten.

In diesem Sinne der Freilegung versteckter und widersprüchlicher Aussageebenen ist auch die „Dekonstruktion von Karten zu verstehen, wie sie inhaltlich und begrifflich von dem englischen Kartographiehistoriker und -theoretiker Brian (J.B.) Harley vorgeschlagen wurde. So zitiert er in seinem gleichnamigen Artikel programmatisch Christopher Norris, der bezüglich Derridas Auffassung von Dekonstruktion schreibt:

„Deconstruction is the vigilant seeking-out of those ‚aporias', blind-spots or momenta of self-contradiction where a text involuntarily betrays the tension between rhetoric and logic, between what it manifestly means to say and what it is nonetheless constrained to mean."[14]

Harley sah als erster konsequent Kartographie als eine Form von Sprache und Karten als Texte an, welche genauso oder zumindest ähnlich wie Texte anderer Form, in einem postmodernen Verständnis gelesen und dekonstruiert werden können und sollen. In diesem Sinne gilt er als der Vordenker und Initiator eines kritischen, betont anti-positivistischen Kartographieansatzes. Nach einer, wie es John Andrews (1994: 1) formuliert, „langen und produktiven Lehrzeit als Kartenhistoriker" widmete er sich seit den frühen 1980er Jahren vornehmlich wissenschaftsphilosophischen Fragen der Kartographie. Aus seinen zahlreichen Publikationen der nachfolgenden zehn Jahre[15] ragen zwei Artikel hervor – „Maps, knowledge and power" (1988) und „Deconstructing the map" (1989)[16] –, die seine Kerngedanken beinhalten und als seine wichtigsten angesehen werden. Harley hat sich in diesen späten Arbeiten vorrangig mit dem Zusammenhang von Macht und Karten / Kartographie auseinandergesetzt. Dazu später mehr.

Harley starb 1991, zu früh, um seine Tätigkeit als Mitherausgeber der monumentalen und deutlich seine Handschrift tragenden *History of Cartography*[17] zu Ende führen zu können. Zu früh auch, um der Kritik an der Standfestigkeit seiner Ideen begegnen zu können.[18] Ungeachtet dieser Kritik ist es Harleys Verdienst, eine breite Diskussion um die Notwendigkeit der sozialen und politischen Kontextualisierung von Kartenproduktion und -konsumption initiiert zu haben. Er hat damit Wege aufgezeigt, die Interpretation von Karten in einen größeren geisteswissenschaftlichen Kontext einzubeziehen, denn wie er selbst formulierte: „Maps are too important to be left to cartographers alone."[19]

Der Wert des neuen Kartenverständnisses

Der Gedanke, daß Karten nicht das Photographie-ähnliche Abbild einer externen Realität sind, ist nicht neu. So forderte beispielsweise James Williamson schon 1929, kritisch mit Karten umzugehen, „unless we know more than we commonly do about the intention and circumstances of those who drew them".[20] Und J.K Wright kritisiert 1942: „We tend to assume too readily that the depiction of the arrangement of things on the earth's surface on a map is equivalent to a photograph – which, of course, is by no means the case".[21] Diese Einsichten wurden aber im wesentlichen nur in dem Rahmen umgesetzt, in dem zwischen „guten", d.h. objektiven, wissenschaftlichen und damit nicht-manipulativen Karten und „schlechten", d.h. subjektiven, manipulativen Karten bzw. zwischen neutralen und politisch-motivierten Karten unterschieden wurde.

Das Neue an der Kartenauffassung von Harley und seiner „Schule"[22] ist, daß es keine objektiven, keine guten und in diesem Sinne auch keine schlechten Karten gibt. „All maps state an argument about the world and are propositional in nature" (Harley 1989: 11). Anders gesagt: Aus der unendlich großen Zahl von Sichtweisen auf einen Raum wählen Karten einige wenige aus und legen diese dem Kartenbetrachter nahe.[23] *Alle* Karten sind damit, explizit oder implizit, Versuche, den Betrachter von einer spezifischen politischen, ökonomischen, sozialen, moralischen Weltsicht zu überzeugen. Das neue an dieser Auffassung ist das Wort „alle". Es geht nicht mehr nur um Karten im Kontext von politischer Propaganda oder Werbung oder um mittelalterliche (vormoderne, unwissenschaftliche) Kartenwerke, also Karten, die traditionell als subjektiv und „unrealistisch" eingestuft werden, sondern um alle Karten. Es geht darum, daß alle Karten durch ihre Selektivität in der Auswahl und Darstellungsform der Informationen suggestiv sind und in diesem Sinne Macht ausüben. Von dieser Grundannahme ausgehend kann man Karten von einem moralischen Standpunkt aus betrachten und sie in der Weise interpretieren, daß sie aus ihrer Natur heraus immer „lügen" und generell als Waffen von politisch oder anders motivierten Verschwörungen dienen, wie Brian Harley (1988b, 1990) und Denis Wood (1992) implizieren. Ich halte diesen Ansatz für überzogen und in bezug auf den Erkenntnisgewinn bei der Kartenbetrachtung für begrenzt nützlich. Meines Erachtens liegt die wirkliche Stärke der neuen Kartenbetrachtung zunächst einmal in der Sensibilisierung für die Subjektivität und die suggestive Kraft der Karte. Diese Kraft der Karte ist nicht *per se* negativ, im Gegenteil: Sie macht die Karte „wirksam", d.h. macht sie zum Werkzeug, die physische und soziale Umwelt räumlich zu begreifen und zu ordnen. Die Selektivität ist ja das, was wir von einer Karte erwarten: Wenn wir uns im Straßenverkehr orientieren möchten, brauchen wir eine Karte, die das Straßennetz zeigt und nicht etwa die Bevölkerungsstruktur des Raumes. Aber erst die Bewußtwerdung der Macht bzw. der Wirksamkeit der Karte und die Kenntnis ihrer subtilen Mechanismen eröffnet gleichermaßen Kartenmachern und -nutzern die Möglichkeit, mit ihr offen, differenziert und verantwortungsbewußt umzugehen.

3 Die Macht der Karte

Karten konstruieren Räume und Territorien. Um mit David Turnbull (1993) zu sprechen: Karten *sind* Territorien. Prinzipiell ist der Zusammenhang recht geradlinig und implizit bereits angesprochen: Da wir unsere Umwelt nicht unmittelbar, nicht unreflektiert wahrnehmen können, kommt diese Wahrnehmung zustande durch die dialektische Wechselwirkung zwischen einem „Stück Umwelt" und dem, was wir mit diesem „Stück" assoziativ verbinden. Matthew Edney faßt es so zusammen:

> „The intellectual process of creating, communicating, and accepting geographical conceptions, whether at an individual or sociocultural level, is thus often referred to as „mapping". It is a process which in the modern world depends heavily on the actual production of maps, which is to say mapmaking *per se*."[24]

Mit anderen Worten: Karten und Kartierung sind in der modernen Welt zentral in den Konstruktionsprozeß von Raum eingebunden. Sie sind vielleicht *die*, zumindest aber eine dominante Repräsentationsform räumlicher Strukturen. Und da Wahrnehmung und Repräsentationsform sich gegenseitig bedingen und bestimmen, ist es also höchstens etwas überspitzt ausgedrückt, daß Karten Territorien seien (Turnbull 193: 61).

Warum besitzen aber Karten diese dominante Position als Repräsentationsform? In welcher Weise wirken sie? In welcher Weise sind sie machtvoll? Zum besseren Verständnis möchte ich zwischen äußerer und innerer Macht unterscheiden. Es handelt sich um eine heuristische Trennung, da beide Ebenen in der Praxis nicht sauber zu trennen sind und nicht unabhängig voneinander wirken. Mit innerer Macht meine ich die kartenimmanente, aber verborgene Suggestivkraft, die jede Karte aufgrund vielfältiger konnotativer Assoziationen mit sich trägt. Unter äußerer Macht verstehe ich die Möglichkeit, mittels Karten Räume und Territorien zu konstruieren, zu kontrollieren und sich anzueignen. Ich beginne mit der Ebene der inneren Macht, da sie gewissermaßen das Fundament der äußeren darstellt.

Die Autorität der „objektiven" Karte

Karten wirken, dies ist bekannt und bereits angesprochen, aufgrund ihrer perspektivischen Selektivität. Seltener wird diskutiert, daß Karten auch und vor allem aus der Tatsache heraus wirken, daß ihre Selektivität und ihre Suggestivität in doppelter Weise verborgen bleiben, daß der Blickwinkel, den sie vorgeben, selten als solcher wahrgenommen wird. Der Grund ist, daß erstens jede visualisierte Information, jedes vermeintlich neutrale oder dekorative Symbol eine Konnotation in sich birgt, die erst bei eingehender Analyse bewußt gemacht wird, und daß zweitens Karten, damit sie wirken können, auf die Aufrechterhaltung der „Aura der realistischen Wiedergabe" angewiesen sind. Denis Wood argumentiert in *The Power of Maps* (1992), einem der eindrücklichsten Beiträge zur neuen Kartographietheorie, daß alle Symbole innerhalb einer Karte in doppelter Weise kodiert sind. Kartographische Symbole sind in der Regel für uns leicht zuzuordnen, aber erstens niemals völlig eindeutig und zweitens nicht aus sich selbst heraus, d.h. nicht selbstverständlich, sondern als Teil unser Sozialisation (*ibid.*, 98). Die Semiotik lehrt, daß Zeichen nicht aus sich selbst heraus existieren, sondern nur, wenn zwei Elemente aus zwei verschiedenen Systemen, der Bedeutungsseite und der Ausdrucksseite, durch einen Code verbunden und in Beziehung gebracht werden (*ibid.*, 110). Sowohl ein abstraktes Zeichen für sich als auch beispielsweise eine Farbgebung oder auch die Anordnung von Zeichen zueinander müssen mit einem mehr oder weniger konkreten „Inhalt" assoziiert werden. Diese Assoziierung erfolgt nun auf zwei Bedeutungsebenen. Alan MacEachren (1995: Kap. 7) nennt diese zwei Bedeutungsebenen „meaning in maps" und „meaning of maps". Die „Bedeutung innerhalb der Karte" meint eine primäre, denotative Bedeutung. Diese primären Bedeutungen der Kartenelemente werden entweder in der Legende erklärt oder als Teil eines allgemeinen Grundverständnisses von Karten vorausgesetzt. Die Farbe blau wird mit Wasser assoziiert, eine Punkt-Strich-Linie mit einer politischen Grenze. Die „Bedeutung der Karte", im Sinne der Bedeutung des Karteninhalts außerhalb der Karte, meint eine zweite, konnotative Bedeutung. Die mit der Grenze einer politischen oder auch anders konstituierten Entität assoziierte Linie bedeutet beispielsweise, daß der Kartograph bzw. der Auftraggeber die Existenz dieser Entität anerkennt.

Wood – und MacEachren folgt ihm dabei im wesentlichen – unterscheidet fünf „codes of intrasignification", die sich innerhalb der Karte befinden und auf der sprachlichen Ebene anzusiedeln sind, und fünf „codes of extrasignification", die sich außerhalb der Karte befinden und auf der mythischen Ebene zu plazieren sind. Jeder *code of extrasignification* bedient sich eines *code of intrasignification* (Wood 1992: Kap. 5; siehe auch MacEachren 1995: Kap. 7). Auch wenn hier nicht der Platz ist, sich auf eine längere Ausführung einzulassen, ist Woods Argument wichtig: Er nennt, Roland Barthes folgend, die zwei Inhaltsebenen einer Karte, die wörtliche und die mythische (Wood 1992:103f). Beide beeinflussen das jeweilige Verständnis des kartographisch konstruierten Raumes, aber normalerweise wird nur die wörtliche Bedeutungsebene *bewußt* wahrgenommen. Und gerade das, so Wood, macht die „mythische" Ebene so machtvoll. So beeinflussen beispielsweise auch „Randdekorationen" (Bilder, Zeichnungen, Ornamentik), also Elemente, die vor Harley (1988) lediglich als schmückend identifiziert wurden, die Wahrnehmung des kartierten Raumes in bezug auf Landbesitz, Landnutzung, Landausbeutung, die Wichtigkeit des Raumes. Sehr oft sind in „schmückende" Bilder und Zeichnungen kulturelle und rassistische Bewertungen impliziert. Oder sie illustrieren – wie oft auf frühen europäischen Karten kolonialer Gebiete zu finden und eindrucksvoll von Thomas Bassett am Beispiel von westafrikanischen Kolonien bezeugt – den Reichtum der abgebildeten Gebiete. Angesichts der Zeichnungen von ökonomisch wertvollen Agrarprodukten und Bodenschätzen und lokalen, offensichtlich kräftigen Arbeitern „map readers can only be impressed by the apparent wealth of Africa" (Bassett 1994: 321). Mit solchen Bildern oder auch denen von versklavten Afrikanern, die auf ihre (europäische) Befreiung warten, wurde, so Bassett weiter, die koloniale Idee durch „dekorative" Kartenelemente gefördert und sanktioniert. Ich möchte nicht behaupten, daß diese Konnotationen *immer* beabsichtigt waren. Oft lassen sie sich mit historischem und/oder kulturellem Abstand besser erkennen, als es den Kartographen und Auftraggebern möglich war. Dennoch sind, selbst wenn man in dieser Hinsicht eine „Unschuld" zugesteht, solche Konnotationen vorhanden bzw. lassen sich auch im kulturellen Kontext der Kartenproduktion rekonstruieren. Und es sind, will man Barthes folgen, gerade die unterschwelligen, schwer zu entlarvenden, gewissermaßen „selbstverständlichen" Konnotationen die wirksamsten, um Stereotypen und Vorurteile zu vermitteln und zu bestärken.[25]

Wir – mit „wir" meine ich am gesellschaftlichen Alltag teilnehmende Mitglieder einer Gesellschaft, die von Mobilität, Spezialisierung und Massenmedien geprägt ist[26] – nehmen die Karte nicht in dieser Weise war. Nur wenn eine Karte schlecht zu lesen ist, weil sie zu viel oder zu wenig Informationen enthält oder diese undeutlich präsentiert, oder wenn sie nach unserem Ermessen etwas Falsches abbildet, etwas, das nicht der „Wirklichkeit" entspricht, fällt uns das auf. Ansonsten hinterfragen wir in der Regel nicht die neutrale Unschuld einer Karte. Das Bild der Karte, die mit größtmöglicher Genauigkeit einen thematischen und/oder räumlichen Ausschnitt der Welt so darstellt, „wie er ist", ist sehr dominant. Dies gilt besonders für die Darstellung von Naturraum, dessen Darstellung ja ideologisch unbelastet zu sein scheint. Indem die Karte die Darstellung einer sozio-politischen Ordnung mit der Darstellung eines offensichtlich objektiven, neutralen Naturraumes, einer natürlichen Ordnung, verknüpft, naturalisiert sie ihren Inhalt und „täuscht" – nicht notwendigerweise mit Absicht, sondern aus ihrem Wesen heraus – eine Objektivität vor (Turnbull 1996: 7).

Ein wesentliches Element der scheinbaren Objektivität der Karte und damit ihrer Macht ist, wie David Turnbull (1993: Kap.4) herausstellt, die Einführung eines Gradnetzes. Die geometrische Netzeinteilung der Erdoberfläche läßt sich bis zu Ptolemäus und seiner achtbändigen *Geographie* zurückverfolgen (einem Werk, das er ca. 140 n. Chr. erstellte und welches im Mittelalter großen Einfluß auf die Entwicklung der Kartographie hatte). Mit der Etablierung von Längen- und Breitengraden ließ sich jeder Ort, auch jeder unbekannte Ort, per Koordinaten eindeutig bestimmen. Landeigentum und Territorien konnten mittels Karten exakt fixiert und dargestellt werden. Deutlich verstärkt wurde dieser Machtcharakter infolge der großen europäischen Landvermessungen. Wie Matthew Edney (1993) veranschaulicht, prägten die ab dem frühen 18. Jahrhundert erfolgten weiträumigen, systematischen Landvermessungen weiter Teile Europas das Bild der modernen Kartographie. Sie folgten einem zentralen Leitbild der modernen Wissenschaft, nämlich der *systematischen* Erfassung der Welt. Explizit mit Bezug auf die wissenschaftliche Systematik erhielten Karten dann zum einen die Konnotation von Neutralität und Integrität und zum anderen eine große Autorität. Dabei wird dieser objektiv-wissenschaftliche Charakter, und damit die Autorität der Karte, zusätzlich durch das Element des Fixierten, des Festgeschriebenen unterstrichen, durch das, was Denis Cosgrove (1999a, 2) „the aesthetics of closure and finality" nennt. Ein eindrucksvolles Beispiel dieser kartographischen Autorität liefern Thomas Basset und Philip Porter (1991). Sie illustrieren anschaulich, wie ein imaginärer gewaltiger Gebirgszug, die „Mountains of Kong", auf Karten Westafrikas das gesamte 19. Jahrhundert hindurch in über 290 Karten Bestand hatte. Basset und Porter zeigen auf, in welchem politischen und ökonomischen Kontext die Mountains of Kong kartographisch existierten. Sie dienten als Argument für den Verlauf des Niger-Flusses, und mit diesem waren sowohl geographisch-wissenschaftliche als auch ökonomische Interessen verbunden. Wie zu erwarten, waren es dabei die offiziellen Karten der britischen „Royal Geographical Society", der damaligen britischen Hochburg der wissenschaftlich-geographischen „Wahrheitssuche", die den größten Einfluß hatten. Das Beispiel verdeutlicht, daß bei allen politischen und ökonomischen Gründen die „Mountains of Kong" nur aufgrund der Autorität der Karte solange existieren konnten. Erst mit der kolonialen Aufteilung Afrikas und den einhergehenden Grenzziehungen war eine genauere Ortskenntnis nötig, und die „Mountains of Kong" verschwanden.

Die kartographische Konstruktion von Raum

Die „Autorität der objektiven Karte" ist also nötig, damit die kartographisch konstruierten Räume in ihrer Selektivität und ihrer Fixiertheit anerkannt werden. Mit welchen Mechanismen konstruieren Karten Räume? Eine grobe Unterteilung kann man zunächst zwischen der Ausführung und dem Inhalt der Karte treffen. Mit Ausführung ist die technische, formale Ebene angesprochen, die Auswahl von Maßstab, Raumausschnitt, dem Mittelpunkt der Karte und ihrer Projektionsform. Dies ist oft besprochen und soll hier nur kurz umrissen werden. Die Auswahl des Maßstabs rückt je nachdem groß- oder kleinflächige Strukturen ins Bewußtsein, Raumausschnitt und Wahl des Mittelpunktes bestimmen den abgebildeten Raum natürlich in sehr direkter Weise: Was in der Mitte ist, ist wichtig, was am Rand ist, nicht ganz so wichtig, was nicht mehr abgebildet ist, ist unwichtig. Der Vergleich zeitlich und räumlich unabhängiger Karten macht dies deutlich. Griechische Karten waren auf Delphi, islamische Karten auf Mekka und christliche Karten des Mittelalters auf Jerusalem zentriert (Harley 1988: 290). Ein anschauliches, vielzitiertes Beispiel ist die heute dominante Form der Weltkarte, in der Europa erstens zentral positioniert ist (streng genommen ist in der Mitte der Karte Afrika) und zweitens durch die Mercatorprojektion, welche die Äquator-fernen Breiten streckt, größer erscheint, als es, proportional gesehen, ist; eine Darstellungsform, die ein europäisches Überlegenheitsgefühl nährt. Ein sehr wesentlicher Aspekt der formalen Raumstrukturierung ist natürlich auch die angesprochene Raumabstraktion durch das „Korsett" des Gradnetzes.

Bezüglich des Inhalts läßt sich differenzieren zwischen der Wirkung des abstrakten Symbolcharakters und der den Elementen zugeschriebenen Bedeutungen und implizierten Konnotationen. Mit ersterem meine ich Hierarchisierung von Symbolen durch Form, Größe und Farbe. Beispielsweise ist ein rotes, großes Viereck auffälliger und damit vermeintlich wichtiger als ein grüner, kleinerer Kreis. Auch die Dichte bestimmter Symbole, wie sie auf Karten in der Werbung oder zu Propagandazwecken offensichtlich ist, impliziert eine Kontrolle des Raumes (Monmonier 1996: 68-70). Bei dem „Bedeutungsinhalt" läßt sich wiederum unterscheiden zwischen der selektiven Nichtberücksichtigung von Informationen, der „silence of maps" (Harley 1988: 290) und der visualisierten Information. Auch hier gilt verkürzt wieder: Was auf der Karte ist, ist wichtig, was nicht erscheint, ist auch nicht wichtig. Beides, die Berücksichtigung wie die Nichtberücksichtigung ist somit potentiell eine Form von Machtausübung. Harley weist beispielsweise darauf hin, daß bei der englischen Landvermessung und Kartierung Irlands im 17. Jahrhundert oftmals die Hütten irischer Siedler nicht kartiert wurden. Die resultierenden Karten drückten dementsprechend eine Dominanz englischer Landbesitzer und das völlige Fehlen eines Widerstandes gegen ihre Autorität aus (*ibid.*, 290-292). Auch in militärisch-politischer Sicht hat die „silence of maps" eine große Bedeutung. Harley spricht von „sozial leeren Räumen" auf Karten, die den Naturraum oder Infrastrukturen abbilden, aber verschweigen, daß dort Menschen wohnen. „Maps as an impersonal type of knowledge tend to ‚desocialize' the territory they represent" (*ibid.*, 303). In diesem Sinne erleichtern Karten politische – sowohl zivilpolitische als auch militärische – Entscheidungen, bzw. sie erleichtern deren Durchsetzung in der Öffentlichkeit, ein Aspekt, der auch im imperialistischen und kolonialistischen Kontext zu beachten ist. Wie bereits skizziert, sind Karten in einem doppelten Sinne räumlich:

> „Maps of whatever register are doubly spatial in that they create social spaces while at the same time they are modes of spatial representation. They create these two aspects of spatiality through enabling two corresponding modes of connectivity. Maps connect heterogeneous and disparate entities, events, locations and phenomena, enabling us to see patterns that are not otherwise visible. They also connect the territory with the social order." (Turnbull 1996: 7)

Karten verbinden ein Territorium mit einer sozialen Ordnung. Anders ausgedrückt: „Maps link the territory with what comes with it" (Wood 1992: 10). Karten verknüpfen Territorien mit vorhandenen Regelsystemen und Praktiken, wie Steuern, Verträgen, Gesetzen usw. Dies ist ein wichtiger Aspekt, wenn ich von der „Kontrolle" von Raum spreche. Für das bereits benutzte Beispiel einer Grenzlinie bedeutet dies: Die Grenze produziert ein Territorium. Dieses Territorium, wie auch immer es definiert ist, ist mit bestimmten Nutzungsrechten und -pflichten verknüpft. Eigentums- und Nutzungsrechten stehen in der Regel Verpflichtungen wie Besteuerung, Fürsorgepflicht bezüglich der Einhaltung öffentlicher Ordnung oder ästhetischer Normen gegenüber (MacEachren 1995: 346; s.a. Wood 1992: 10f). MacEachren zitiert M. Hannahs Argument, daß die Weigerung der Lakota-Indianer, ihre Eigentumsgrenzen aufzuzeichnen, eine Möglichkeit bzw. ein Versuch war, Kontrolle über ihr Territorium zu bewahren. Die kartographische Anerkennung des westlichen Prinzips des individuellen Landeigentums anstelle eines kommunalen Nutzungsrechtes war gleichbedeutend mit der Akzeptanz der angloamerikanischen, sprich „weißen", Kontrolle über ihr Land und ihr Leben.[27]

Die Kontrolle eines Raumes, eines Territoriums ist, wenn auch nicht gleichbedeutend, so doch in enger Symbiose mit der Aneignung, der Inbesitznahme desselben, zumindest der symbolischen Aneignung anzusehen.

Dieser Zusammenhang wird beim Aspekt der Namensgebung, der Benennung von Orten – d.h. Siedlungen und naturräumlichen Orten – besonders deutlich, wie sowohl Paul Carter (s. S. 18) als auch Wendy James (1988) eindrücklich demonstrieren. Carters Interesse gilt vor allem der Produktion eines für die europäische Ratio erfahrbaren, „greifbaren" Raumes. Auch James beachtet diesen Aspekt („To name a place, on a map, is to try and stamp some certainty on the world" [186]), geht aber mehr auf den Akt der Namensgebung als direkte Machtausausübung und als politische und symbolische Aneignung ein. Bezüglich des „Wetteiferns" bei der kolonialen Aufteilung Afrikas faßt sie zusammen:

> „The overriding concern was to mark the political appropriation of the place....
> You have a place, *name* it and you have it taped, especially if on a map upon
> the basis of which a treaty may be signed." (James 1988: 183)

In der Phase der professionellen Erforschung und der frühen Kolonialisierung Afrikas wurde durchaus oft auf lokale orale Quellen zurückgegriffen, wobei es sehr oft zur Vermischung indigener Sprachen und zu Fehlinterpretationen kann (*ibid.*, 184f). Oft kam es aber auch zu spontanen Neu- oder Umbenennungen, die dann kartographisch fixiert wurden bzw. rasch den Weg auf offizielle Karten fanden. Dabei wurden zum einen Ortsnamen der Heimat aufgriffen; dies war allerdings eher in kleinen Strukturen wie bei den Namen von europäischen Farmen der Fall. Diese Strukturen wurden auch nur in kleinmaßstäblichen Karten sichtbar. Zum anderen wurden in vielen Fällen die Namen europäischer Staatsmänner und -frauen, Adeliger und bedeutender Forscher verwendet. Mit einer doppelten Wirkung: der Raum wurde europäisiert, und er wurde hierarchisch strukturiert. Die Hierarchie der verwendeten Namen bedeutete eine Hierarchisierung der Landschaft. Der höchste Gipfel des Kilimanjaro wurde nicht zufällig „Kaiser-Wilhelm-Spitze" getauft, während eine kleine Schlucht im Inland beispielsweise den Namen eines dort ansässigen Kommandanten erhielt.

Ortsnamen können auch ansässige Bevölkerungsgruppen hierarchisieren. Harley (1990: 3) zählt für Nordamerika Beispiele auf, in denen rassistische und sexistische Ortsnamen wie „Niggerhead Creek" und „Squaw Tit" noch immer auf staatlichen Karten erscheinen; für Harley eine fortdauernde Legitimierung der kolonialen Landnahme. Daß die Macht der Ortsnamen auch von kolonisierter Seite so empfunden wurde und wird, zeigt die häufige und mit nicht weniger Konnotationen erfüllte Umbenennung vieler Orte im postkolonialen Afrika. Aus der genannten „Kaiser-Wilhelm-Spitze" wurde der „Uhuru Peak", die Freiheits-Spitze, aus dem „Lake Albert" an der ugandisch-kongolesischen Grenze wurde der „Lake Mobuto Sese Seko".[28]

4 Ethnizität und ihr Raumbezug

Ethnizität, ethnische Gruppen und Stämme

Zur Annäherung an ethnographische Karten und ethnographische Kartierung ist es unumgänglich, neben dem Konstrukt der Karte das Konstrukt der ethnischen Gruppe zu beleuchten. Der Begriff „ethnisch" erfährt in seinen Verwendungsformen „ethnische Minderheiten" und „ethnische Konflikte" einen nicht nur in den Medien alltäglichen Umgang, der scheinbar keiner Erklärung bedarf. Trotz oder gerade durch die Gegenwärtigkeit der Begriffe ist sowohl die wissenschaftliche Diskussion um Ethnizität als auch die populäre Verwendung des Begriffs von einer inhaltlichen Unschärfe geprägt. Eine kurze geschichtliche Betrachtung, vor allem ein Vergleich des heutigen Verständnisses dieser Begriffe und Konzepte mit der Auffassung um 1900 ist deshalb an dieser Stelle angebracht.

Lange Zeit, bis in die späten 1960er Jahre, galt in der anthropologischen bzw. ethnologischen Wissenschaft der Konsens, Ethnien mit den Merkmalen gemeinsamer Sprache, Kultur und Abstammung beschreiben zu können. Diese Definition ist auch im nichtwissenschaftlichen Verständnis noch sehr verbreitet. Um 1900, also in der Kolonialzeit Deutsch-Ostafrikas, war der begriffliche Inhalt einerseits noch unkonkreter, da die Begriffe „Stamm", „Rasse", „Nation" und „Reich" mehr oder weniger synonym verwendet bzw. diffus vermengt wurden. Andererseits erhielt „Stamm" eine gewisse einheitliche Bedeutung, indem ein sich ausbildendes sozio-kulturelles „Stammes"-Konzept untrennbar mit einem biologischen Rassenkonzept verwoben war. Folgerichtig wurden in den damals angewandten Sprach- und Rassenklassifikationen einzelne „Stämme" als „Subrassen" oder „hybrid races" definiert (Ogot 1996: 19; s.a. Ratzel 1912 [1891], 477). Ethnische Identität war also demnach im Kern angeboren und kaum veränderlich. Ausschlaggebend war dabei nicht nur die Rasse, sondern auch der sogenannte „Lebensraum". Die deutsche Völkerkunde und Geographie um 1900 – mit führenden Denkern wie Adolf Bastian, Leo Frobenius, Albrecht Penck und Friedrich Ratzel, um nur einige zu nennen – war sehr von der Idee des Naturdeterminismus geprägt (Gothsch 1983). Menschen werden, so der Grundgedanke, in der Ausübung ihrer Kultur (und in ihrem Handeln und ihren geistigen Entfaltungsmöglichkeiten) von ihrer Umwelt geprägt und geleitet. Dies geschieht ganz im Sinne des klassischen Evolutionismus je nach der Entwicklungsstufe des Volkes mehr oder weniger – mehr bei niedrig entwickelten sogenannten Naturvölkern und weniger bei höher entwickelten „Kulturvölkern". Als Reaktion auf die nationalsozialistische Rassenideologie kam der Begriff der „Rasse" ab 1945 vor allem in Deutschland, aber auch anderswo in Mißkredit, ohne daß aber zunächst die inhaltlichen Bezüge zu Ethnizität verschwanden. Auch für progressive Anthropologen der 1940er und 50er Jahre wie Borislaw Malinowsky und Radcliffe Brown waren Ethnizität und ethnische Identität noch mit biologischen Aspekten verknüpft, wenn auch nicht mehr so dominant wie vorher (Ogot 1996: 19). Der Linguist Joseph Greenberg führte ab 1948 mit einer Reihe von Aufsätzen, die 1963 als Buch unter dem Titel *The Languages of Africa*[29] erschienen, eine strikte Trennung von Sprache und anderen Merkmalen ein, eine Trennung, die seitdem beibehalten wurde.

Theorien über Ethnizität können unterteilt werden in primordiale und in instrumentalistische oder situationalistische Theorien. Die Debatte um Primordialismus einerseits und Instrumentalismus andererseits ist auch heute ein wichtiger Aspekt der Ethnizitätsforschung, jedoch, im Unterschied zu den 1960 und 1970er Jahren, kein zentraler mehr. Grundsätzlich geht es dabei um die Frage, ob Ethnizität aktiv, rational und bewußt eingesetzt wird oder ob sie eher ein emotionales (und damit nicht-rationales) und nicht kontrollierbares Element sozialer Beziehungen darstellt. Anders gesagt, der primordiale Ansatz betont, daß Ethnizität und ethnische Gruppenbildung zu den Bedingungen menschlicher Existenz gehören. Ethnizität wird bei Primordialisten „aus einem Korpus grundlegender, nicht zurückführbarer („primordialer") Loyalitäten, die einer Eigendynamik unterliegen, hergeleitet" (Heinz 1993: 272). Der Begriff des Primordialismus ist eng mit dem Namen von Clifford Geertz und den 1960er Jahren verbunden, wenn auch nicht auf diese Zeit beschränkt.[30] Der mit dem Namen Fredrik Barth verbundene instrumentalistische Ansatz betont dagegen, daß Ethnizität nicht zwangsläufig zu ethnischen Gruppenbildung führen muß, sondern erst einmal als Ressource verstanden werden sollte, als eine soziale, politische und kulturelle Ressource, die von sehr unterschiedlichen Interessensgruppen zu ihrem Nutzen instrumentalisiert werden kann. Die zentrale Idee ist dabei, daß Ethnizität ein soziales Konstrukt ist und Individuen die Möglichkeit besitzen, aus einem Angebot von ethnischem „Material", aus Versatzstücken, eine individuelle oder gruppenkollektive Identität zu formen (Hutchinson & Smith 1996: 9). Beide Theorien oder Denkrichtungen zu Ethnizität schließen sich nicht aus, in gewissen Sinne ergänzen sie sich sogar; grundsätzlich versöhnen lassen sie sich jedoch nicht.[31]

Barths Einleitung zur Essaysammlung *Ethnic Groups and Boundaries* aus dem Jahr 1969 stellt einen elementaren Schritt zu Popularisierung des Konzeptes Ethnizität dar und wird mit zwei Neuerungen assoziiert (s. Barth 1996 [1969]). Barth betont erstens die soziale Ebene von Ethnizität. Bis dahin galten Ethnien primär, wenn nicht gar ausschließlich, als kulturell definiert, d.h. als Träger einer gemeinsamen Kultur und Sprecher einer gemeinsamen Sprache oder eines Dialektes und/oder Nachfahren gemeinsamer Ahnen. Diese Betrachtungsweise hatte einen großen Vorteil: Die Ethnie war sozusagen gleichzeitig die zugehörige Kultur. „Der Kontext, in dem Kultur, Tabus usw. untersucht wurde, war immer die Untersuchungsmenge selbst. Es war geradezu ein funktionalistisches Dogma, Kulturen nur durch sich selbst verstehen und erklären zu können" (Heinz 1993: 215; s.a. Cohen 1978). Dies wird auch bei der Beschreibung von „Stämmen" im kolonialen Afrika deutlich. Barth hingegen möchte die Charakteristik der ethnischen Gruppe als Träger einer gemeinsamen, distinktiven Kultur nur als Begleiterscheinung verstanden wissen und nicht als „primäres und definitorisches Charakteristikum ethnischer Gruppenorganisation" (Heinz 1993: 126). Für ihn sind ethnische Gruppen primär eine Form sozialer und nicht kultureller Organisation.

Das zweite Novum Barths war die Hervorhebung der ethnischen Grenzziehung bzw. der Aspekt des konstituierenden Faktors der gegenseitigen Abgrenzung von ethnischen Gruppen. Diese ethnisch-sozialen Grenzen können sich mit territorialen decken, müssen dies aber nicht (Barth 1996 [1969], 300; s.a. Kap. 5 dieser Arbeit). Bis in die 1970er Jahre und damit auch in der Kolonialzeit von Deutsch-Ostafrika war die Annahme vorherrschend, daß ethnische Gruppen ihre kulturelle und soziale Form in relativer Isolation von anderen Gruppen entwickeln. Dementsprechend wurden Ethnien als isolierte Einheiten angesehen und beschrieben. Heute ist hingegen das Element der Interaktion von ethnischen Gruppierungen und ihre gegenseitige Abgrenzung wichtiger Forschungspunkt: Barth argumentiert, daß soziale Grenzziehungen eine Ethnie definieren und nicht „the cultural stuff that it encloses" (*ibid.*, 300), und betont damit die Wichtigkeit des organisatorischen Charakters von Ethnizität (Ogot 1996: 20). Die instrumentalistische Interpretation von Ethnizität ist heute im wissenschaftlichen Diskurs dominant. Auch Marco Heinz vertritt in seiner sehr ausführlichen Begriffsgeschichte von Ethnizität und ethnischer Identität die These, daß Ethnizität zwar an bestimmten kulturellen Phänomenen festzumachen, aber im Kern doch als sozio-psychisches Phänomen zu begreifen ist (Heinz 1993: 356). Ein Phänomen, das manipulierbar und zu einem persönlichen oder gruppenkollektiven Nutzen instrumentalisiert werden kann. Während dies die vorherrschende Annahme im momentanen akademischen Ethnizitätsdiskurs widerspiegelt, gibt es keine Einigung in diesem Diskurs über die Frage, ob Ethnizität nun primär von einer emischen oder einer etischen Perspektive zu begreifen ist bzw. welche Perspektive wichtiger ist. Emisch meint die Innensicht, die Selbsteinschätzung, während etisch die „objektiv" beobachtbare, neutrale Fremdeinschätzung benennt. Stellvertretend für viele ist für Georg Elwert (1989: 447) die Selbsteinschätzung, also der Akt, sich selbst „eine kollektive Identität" zuzusprechen, das entscheidende Definitionskriterium einer Ethnie. Ethnizität bedeutet für ihn „das Bewußtsein, zu einer Ethnie zu gehören" (ibid., 445), also ausschließlich eine emische Qualität. Andere reservieren den emischen Aspekt für die Definierung ethnischer Identität und sehen in Ethnizität den etischen Aspekt, also die ethnisch begründete Aktion (Royce 1982: 18f.). Die meisten Autoren berücksichtigen beide Dimensionen und lassen die Gewichtung offen. Für Chapman et al. (1989: 15) ist Ethnizität „what it is you have if you are an „ethnic group", für Heinz (1993: 341) bedeutet Ethnizität „das Potential, aber auch das Zustandekommen von Gruppen".[32] Ohne auf die Diskussion näher einzugehen, läßt sich konstatieren, daß die Unterscheidung an einem wichtigen Punkt nicht mehr wesentlich ist: Die ausgesuchten kulturellen Merkmale, mit der die ethnische Gruppe sich (emisch) identifiziert, müssen auch praktisch (d.h. etisch) gelebt werden, damit sie für eine Abgrenzung von anderen Gruppen relevant werden.[33] Die Formierung und die Abgrenzung der eigenen ethnischen Gruppe von anderen Gruppen ist ein Ausdruck der „imperativen" ethnischen Identität im Sinne von grundlegender menschlicher Identität (Barth 1996 [1969], 302). Nach der Meinung vieler Autoren, und dem schließe ich mich an, ist die Abgrenzung der eigenen Gruppe die Hauptaufgabe von Ethnizität.

Wie beschrieben, war um 1900 „Stamm" der ausschließlich benutzte Begriff, um vermeintlich ethnisch definierte Gruppen zu bezeichnen. Dies galt allerdings nur für die Bezeichnung sogenannter „Naturvölker" nicht also für europäische, moderne Gemeinschaften. „Stamm" war also eine wertende Einordnung in eine sozio-politische Ordnung im evolutionistischen Sinne nach dem Schema: Familien - Sippen – Stämme – Stammesföderationen - Nationen (Lentz 1997: 153). Da heute im allgemeinen die evolutionistische Konnotation unerwünscht erscheint, gilt es im Alltagsdiskurs als politisch unkorrekt, von „Stamm" zu sprechen. Als ethnologischer Fachbegriff fungiert der Terminus noch heute, um „eine homogene und in politischer und sozialer Hinsicht autonome Gruppe, welche ein ihr eigenes Territorium bewohnt", zu benennen.[34] Da man mit Recht argumentieren kann, daß das global praktizierte Prinzip der Nationalstaatlichkeit derart autonome Gruppen nicht zuläßt, ist der Begriff also auch ethnologisch nur im historischen Sinne zu verwenden.

Aufgrund der erwähnten Konnotationen ist es meiner Ansicht nach angemessen, von „Ethnie" und/oder „ethnischer Gruppe" zu sprechen, wobei „ethnische Gruppe" das Element der freiwilligen, veränderbaren und multiplen Gruppenzugehörigkeit stärker anspricht als „Ethnie". Es gibt die Kritik, daß es sich bei beiden Termini um „Ausweichbegriffe" und „Hilfskonstruktionen" handelt, um einen „untauglichen Tapetenwechsel", der dem Problem inhaltlich nicht gerecht wird und eher verschleiert als präzisiert (Harding 1994: 40; Heinz 1993: 220). Das Argument ist, daß „Stamm" wie in der oben genannten Definition eine bestimmte Form der politischen Organisation benennt, während „Ethnie" durch eine Vielzahl von Merkmalen charakterisiert werden muß. Diese Kritik vergißt jedoch, daß „Stamm" eine historische Doppelbedeutung besitzt. Neben der wertenden, evolutionistischen war es auch die neutrale Bezeichnung für eine heterogene Bevölkerung im Sinne von „Völker" oder „Bevölkerungsgruppen" (Lentz 1997: 153). Wie ich später aufzeigen werde, wurde „Stamm" auch in bezug auf Deutsch-Ostafrika sehr häufig in dieser Bedeutung verwendet, also nicht minder diffus und vage als der Begriff „Ethnie". In der vorliegenden Arbeit verwende ich „Stamm" ausschließlich im kolonialen, d.h. historischen Kontext und „ethnische Gruppe" im allgemeinen, theoretischen Kontext.

„Die Erfindung von Stämmen": Ethnizität in Ostafrika

Am Beispiel des vorkolonialen, kolonialen und postkolonialen Ostafrika möchte ich den beschriebenen Wandel des Ethnie-Begriffes nochmals verdeutlichen. Seit den 1980er Jahren gibt es in der Geschichtsforschung zu Afrika den gängigen Terminus der „Erfindung von Stämmen". Gemeint ist damit, daß in der Kolonialzeit von Ethnographen unterschiedlicher Couleur (wie Kolonialbeamten, Missionaren und Forschungsreisenden) ein Korpus von als erkannt geglaubter, aber in Wahrheit meist fiktionaler Tradition festgeschrieben, fixiert und den flexiblen und dynamischen Konzepten von vorkolonialer Gruppenzugehörigkeit übergestülpt wurde (Ranger 1983). In dieser Weise festgeschrieben wurden dabei neben Sitten, Gebräuchen, Geschichtserzählungen auch soziale Gruppenstrukturen. Die meisten Afrika-Historiker vertreten heute die Auffassung, daß „prägende Charakteristika der meisten vorkolonialen Gesellschaften Afrikas ... vielmehr Mobilität, überlappende Netzwerke, multiple Gruppenmitgliedschaften und kontextabhängige Grenzziehungen" (Lentz 1997: 149) waren. Was aber ist der Hintergrund dieser „Erfindung von Stämmen"? Die koloniale Stammesvorstellung war „eine durch Abstammung verbundene Bevölkerungsgruppe mit gemeinsamer Sprache und Kultur, die auf einem bestimmten Territorium lebt und von einem Ältestenrat oder Häuptling regiert wird" (*ibid.*, 151). Dies basierte auf der in der europäischen Romantik wurzelnden, vor allem von Johann Gottfried von Herder propagierten Vorstellung, nach der sich die Menschheit in sprachlich und kulturell homogene Abstammungsgemeinschaften, die idealerweise ein geschlossenes Territorium exklusiv bewohnen, einteilen läßt. Den Kolonialmächten, in Ostafrika waren dies Großbritannien und Deutschland, kam diese Sichtweise auch aus Gründen einer effizienten Beherrschung und Verwaltung zugute. In der kolonialpolitischen und -administrativen Praxis war die ethnische Aufteilung und Verortung der indigenen Bevölkerung nicht nur gewünscht und gefördert, sie war zentraler Bestandteil dieser Praxis. Die Kolonisatoren im Afrika des späten 19. Jahrhunderts benötigten überschaubare Sozial- und Machtstrukturen innerhalb der indigenen Bevölkerung. Sie nutzten diese Strukturen für eine effektive und unaufwendige Machtausübung ihrerseits, indem sie reale oder vermeintliche afrikanische Würden- und Machtträger als Mittelsmänner einsetzten, ein Prinzip, das vor allem die Briten in Form der sogenannten *indirect rule*-Politik intensiv nutzten, welches aber auch in der deutschen Kolonialpolitik ein wichtiges Element darstellte. Das Prinzip der *indirect rule* ist keine Erfindung der Kolonialpolitik des 19. Jahrhunderts, sondern hat, wie Elwert feststellt, eine lange Geschichte:

Aus einer spezifischen Perspektive von Herrschaft kann jedoch „Ethnie" als etwas Selbstverständliches erscheinen. Bei den alten Persern, dann weiterentwickelt von Alexanders Diadochen und den darauf folgenden byzantinischen und osmanischen Herrschaften, war das Prinzip der indirekten Verwaltung durch die Konstitution von „*ethnoí*" (griechisch) erkannt worden. Denn eine auf ein Haupt bezogene (kephale) Organisation war notwendig, um Ansprechpartner für die zentrale Verwaltung bereitzustellen. Eine Selbstorganisation der moralischen Instanzen (Religion, Gerichtsbarkeit) war von diesen Ethnien gefordert, eine Selbstorganisation kultureller Elemente (Trachten, Sprache, Schrift) war bei ihnen zugelassen. (Elwert 1989: 445)

Elwert weist darauf hin, daß „die Exklusivität der Zugehörigkeit zu einer und nur zu einer „ethnischen" Gruppe" (*ibid.*, 445) notwendige Bedingung dieses kolonialen Organisationsprinzips war. Gerade dies war sehr häufig in Afrika[35] nicht der Fall, „wo akephale Gruppen die politische Landschaft dominierten" und diese „nicht das notwendige Merkmal der Exklusivität" (*ibid.*, 445) aufweisen. Wie erwähnt, entsprach das Konzept der exklusiven ethnischen Zugehörigkeit ja auch dem zeitgenössischen wissenschaftlichen Leitbild der „natürlichen" und exklusiven Gemeinschaft des „Stammes". William

Arens (1978: 211) stellt fest, daß bezeichnenderweise in Ostafrika Gruppen wie die Waswahili, die nicht in das koloniale Konzept des Stammes paßten, wissenschaftlich auch kaum beachtet wurden. Die koloniale Betonung und Fixierung der „Stammes"-Identität, „die Erfindung der Stämme" wurde von großen Teilen der betroffenen Bevölkerung angenommen und unterstützt. Sie akzeptieren die „Stammes-Identitäten", um vom kolonialen Schema zu profitieren. Zum einen hatten, wie Arens (*ibid.*, 216) herausstellt, diejenigen bei europäischen Verwaltungsbeamten Vorteile, die sich wie „echte Stämme" verhielten, also ihre Loyalität auf ein begrenztes Gebiet beschränkten und vermeintlich traditionelle Verhaltensweisen praktizierten. Zum anderen unterstützten verständlicherweise all jene diese Entwicklung, denen die Fixierung des Status quo individuelle Vorteile brachte – die, die schon über Besitz und Macht verfügten, und die, die neu geschaffene „Funktionärsposten" erhielten. John Iliffe resümiert treffend: „Europeans believed Africans belonged to tribes; Africans built tribes to belong to" (1979: 324).

Mit den Dekolonisierungs- und Modernisierungsprozessen der 1950er und 1960er Jahre kam das koloniale Konzept „Stamm" ins Wanken. Sozialanthropologen der sogenannten „Manchester School" um Max Gluckman untersuchten in den 1950er Jahren die Dynamik ethnischer Identität bei Wanderarbeitern im südlichen Afrika und gaben der Debatte wichtige Impulse. Sie betonten als erste den Einfluß europäischer Kolonialisten auf das Modell „afrikanischer Stämme". Sie zeigten, wie flexibel und komplex das Konzept Ethnizität ist und in welcher Weise ethnische Loyalität als ökonomische und soziale Ressource individuell genutzt werden kann. Sie beschrieben Beispiele, in denen Menschen ihre ethnische Identität wechselten, um Zugang zu einer bestimmten Berufssparte zu erhalten, ein Vorgang, der im kolonialen Stammesschema natürlich undenkbar war (Lentz 1997: 165; s.a. Banks 1996: 24-32).

Im politischen Kontext der neuen Nationalstaaten ließ sich der Forschungsgegenstand „Stamm" als isoliertes Element nicht aufrechterhalten. Ethnische Bewegungen entstanden als Reaktion auf die Staatsgründung. Der gezielte Rückgriff auf ethnische Identität erwies sich rasch als potente politische Ressource, mit deren Hilfe sich Vorteile für die eigene Gruppe einfordern ließen. Ethnische Identität wird hier also, wie im gesamten Konzept der „Erfindung von Stämmen", als soziokulturelles Konstrukt interpretiert. Wenn auch, wie ich ausgeführt habe, dieses instrumentalistische Ethnizitätskonzept weitgehend akzeptiert ist, ist die Fiktivität und Rigidität der kolonialen „Erfindung von Stämmen" im letzten Jahrzehnt kritisiert und relativiert worden. Zwei Kritikpunkte sind meines Erachtens relevant und berechtigt. Vorkoloniale Vergemeinschaftungen dürfen nicht negiert werden. „Politische Interessen allein, ohne Rückgriff auf Geschichte und kulturelle Traditionen, können keine „Ethnien" schaffen, sondern müssen ältere Gemeinschaftsmodelle aufgreifen", wie Carola Lentz (1997: 171) feststellt. Sie spricht deshalb von Imaginierung statt Erfindung. Zweitens weist Justin Willis (1996) unter Zuhilfenahme zweier Fallbeispiele aus Ostafrika zu Recht darauf hin, daß dieses Schema eine sehr einfache und direkte Manipulation der afrikanischen Bevölkerung voraussetzt, die aber so meist nicht gegeben war. Wenn auch, so Willis, viel dafür spricht, daß ethnische Identität von kolonialen Ethnographen und Administratoren und (später) von afrikanischen intellektuellen Eliten produziert und gesteuert wurde und wird, so muß auch nach der Rezeption und Umsetzung dieser Konstrukte im Alltag gefragt werden. Er besteht darauf, daß „a real analysis of the nature of ethnicity must explain how tribe is both a created phenomenon *and* is a real presence in everyday life, with ordinary people repeatedly engaged in its creation and recreation" (*ibid.*, 10). Denn erst durch den Gebrauch von Ethnizität in alltäglichen Fragen von Rechten und Pflichten, durch „the „micro-processes" of daily life, constant, ubiquitous discussions over rights and status which make reference to ethnic categories" (*ibid.*, 11) wird ethnische Identität letztendlich produziert und reproduziert und damit auch als Machtressource relevant.

Der Raumbezug von Ethnizität

Was bedeutet das bisher ausgeführte für den Bezug von Ethnizität zu Raum, zu Territorium und Territorialität? Einer gängigen ethnologischen Definition folgend, verstehe ich Territorium als einen abgrenzbaren Bereich der Umwelt, der „von Individuen oder Gruppen als ihnen in besonderer Weise zugehörig empfunden und meist auch gegen Übergriffe verteidigt" wird.[36] Anders ausgedrückt:

> „Der Begriff ethnisches Territorium widerspiegelt die Vorstellung, wonach jedes Volk in der Regel in den Grenzen eines mehr oder weniger deutlich umrissenen Areals lebt, mit dem es historisch, ökonomisch, psychologisch und günstigstenfalls auch staatlich-politisch eng verbunden ist." (Bersina 1982: 106)

Maja Bersina vertritt die These, daß räumliche Nähe, eine „kompakte Siedlung" (*ibid.*, 106) ein entscheidender Faktor ist, um langanhaltende soziale und wirtschaftliche Bindungen entstehen zu lassen und zu festigen. Ohne diese Bindungen, die die Schaffung kultureller Werte und weltanschaulicher Systeme ermöglichen, ist auch „Konsolidierung verstreuter Gruppen zu einem echten ethnosozialen Organismus" (*ibid.*, 107) nicht vorstellbar. So bildet für sie Territorium also die Basis für die Bildung ethnischer Gruppen. Und zwar ist territoriale Nähe nicht an sich, als rein „geometrischer Faktor" (*ibid*, 107) bedeutsam, entscheidend ist die Nähe, weil sie die „Verbindungen und die Möglichkeiten des Verkehrs zwischen den Menschen erleichtert" (*ibid*, 107).

Vorsichtiger und differenzierter wagt sich Jürgen Pohl an den räumlichen Faktor bei (ethnischen) Gemeinschaftsbildungen. In Anlehnung an Lutz Hoffmann[37] zählt er die wichtigsten Gemeinschaft stiftenden Kriterien auf und spricht ihnen dabei allen einen Raumbezug zu:

> „Von den genannten Gemeinsamkeiten (Territorium, Herrschaft, Staat, Geschichte, Kultur, Abstammung, „Substanz") ist nur das Territorium eindeutig räumlich. Aber auch bei den anderen Kriterien zur Trennung bzw. Herstellung von Solidarität spielt die räumliche Dimension eine Rolle..." (Pohl 1993: 79)

Raum ist für Pohl zum einen *indirekt* Gemeinschaft stiftend, „weil er Träger für ein (mehr oder weniger territorial geschlossenes) Merkmal bildet". Dieses Merkmal kann eine gemeinsame Sprache, ein Dialekt, Religion, oder auch gemeinsam erlebte Geschichte sein. Raum ist zum anderen aus rein praktischen, vor allem administrativen Gründen *direkt* Gemeinschaft stiftend (*ibid.*, 8of). Dies läßt sich am Beispiel der postkolonialen afrikanischen Nationalstaaten zeigen, deren Territorien zu einem großen Teil insofern „künstlich" sind als ihre Grenzziehungen ein Element kolonial-administrativer Willkürlichkeit beinhalten. Gleichzeitig betont Pohl, daß regionale Gemeinsamkeit, also das Zusammenleben innerhalb eines physischen Raumes, an sich noch keine Gemeinschaft erzeugt:

> „Wie eine ‚objektive Ethnie' noch nicht Ethnizität bedeutet, so ist auch regionale Gemeinsamkeit ‚nur ein die Vergemeinschaftung erleichterndes Moment'. Die Tatsache, in derselben Region zu wohnen, ist eine objektive Gemeinsamkeit, aber sie führt nicht automatisch zur Gemeinschaft." (*ibid.*, 71)

Grenzziehungen sozialer Art sind ein elementarer Baustein von ethnischer Identität wie auch von Identität allgemein. Die Grenze ist eines „der wichtigsten Instrumente des Menschen, um sich zu orientieren und die Welt zu ordnen" (*ibid.*, 78). Grundsätzlich geht es dabei um die Trennung zwischen „draußen" und „drinnen" bzw. „denen da draußen" und „uns hier drinnen". Fraglich ist, inwieweit diese mentalen Grenzen zwischen „drinnen" und „draußen" auch einen räumlichen Charakter besitzen und sie ein physisch erfaßbares Territorium markieren. Sicher scheint, daß es keinen unmittelbaren Zusammenhang und keine zwingende Übereinstimmung gibt. Pohl betont auch in diesem Zusammenhang, daß man „von Bewußtsein nicht unmittelbar zur arealartigen oder wie auch immer kartographisch darstellbaren Abgrenzung übergehen" darf (*ibid.*, 75). Die in obiger Definition von Territorium angesprochene „emotionale Zugehörigkeit" zu einem bestimmten Raum ist eng mit dem Konzept des Regionalbewußtseins verknüpft, wie es Pohl auch mit Bezug auf Ethnizität erörtert: „Regionalbewußtsein kann man als einen „Gemeinschaftsglauben" auf territorialer Grundlage einstufen und als eine Art räumlich orientierte Variante des Ethniebewußtseins ansehen..." (*ibid.*, 70). Dies muß keineswegs der physische Raum sein, in dem die Betroffenen leben. Dies belegt der symbolische Bezug zum – realen oder mythischen – „Heimatland", den ethnische Minderheitsgemeinschaften fern dieser ‚Heimat' oftmals praktizieren. So läßt sich konstatieren, daß der „territoriale Faktor" in all seinen unterschiedlichen Ausrichtungen bei der Produktion und Konsolidierung von ethnischer Identität eine große Rolle spielt.

Ethnizität und Territorialität in Afrika

Die Betrachtung von Ethnizität in Afrika verdeutlicht die Zusammenhänge von Ethnizität und Territorialität. Bei „Stämmen" im Verständnis der Kolonialzeit ist der territoriale Bezug am zwingendsten. Ihnen wird definitorisch ein „gemeinsamer Siedlungsraum" oder ein „Territorium" zugesprochen.[38] Dies gilt sowohl für die beschriebene koloniale Vorstellung von Stämmen als auch für die ethno-historische Vorstellung der autonomen Stämme mit „ihren" Territorien. Bei der heutigen Auffassung von Ethnizität und Ethnien ist der Raumbezug weniger zwingend. Sozio-politische Strukturen im vorkolonialen Afrika waren nach heutiger Erkenntnis zumeist nicht territorial geprägt. Herrschaft bezog sich nicht auf ein festes Territorium, „sondern auf Gruppen von Menschen, die sich naturgemäß wandeln und durch Wanderungsbewegungen auch stark verändern können" (Harding 1994: 32). Mit anderen Worten: soziale Zuordnung erfolgte in vorkolonialen Gesellschaften primär über das Prinzip der Gefolgschaft und nicht der territorialen Zuordnung.

Dennoch war ein Raumbezug immer präsent. Zum einen wurde er durch Wanderungsmythen geschaffen, die oftmals sowohl auf einen historisch-mythischen Heimatraum verwiesen wie auch den aktuellen Wohnort („der auserwählte Ort") legitimierten. Zum anderen wurde die Ortsbindung gestärkt, indem Sammel-, Jagd- und Feldbaurechte für einen eng begrenzten Landstrich an spezifische „ortsübliche" Normen gebunden waren und nur Mitgliedern von lokalen Ortschaften zustanden. Diese Rechte „und das sie überhöhende Bündnis mit einer Naturkraft" wurden von einem sogenannten

Erdpriester verwaltet (Elwert 1989: 444f.) und mit Hilfe von Erdschreinen zelebriert. Auch andere Kultstätten stärkten einen punktuellen Raumbezug. Ortsgebundenheit war durchaus ein wichtiger Aspekt des Identitätsverständnisses vieler ethnischer Gruppen in Ostafrika. Auch Territorialität nach europäischem Verständnis war im vorkolonialen Ostafrika nicht unbekannt. In den Königtümern des Zwischenseengebietes – im Gebiet des heutigen Ruanda und Uganda – spielte die Frage des Territoriums durchaus eine Rolle. Sie bezog sich aber vornehmlich auf ein relativ kleines Kerngebiet, nicht auf ein gesamtes „Staatsgebiet". Erst mit der Etablierung der kolonialen Administration erhielt Territorium als klar begrenzbarer, kartographisch erfaßbarer Raumausschnitt eine zentrale Funktion. Besonders in der britischen Politik fungierte Ethnizität in dieser Zeit als politisches Territorialmodell: Wie Lentz anhand der kolonialen Praxis in Nordwest-Ghana schildert, war den britischen Entscheidungsträgern dabei durchaus bewußt, daß „Stämme" und *native states*, also indigene politische Territorialräume,[39] nicht deckungsgleich waren. Um aber eine – vermeintliche – Übereinstimmung ethnischer und territorialer Zugehörigkeit zu erzielen, wurden die *headchiefs,* die lokalen Machtträger, im *trial-and-error* Verfahren Dörfern und kleinräumigen Regionen zugeordnet und bei fehlender Akzeptanz ausgetauscht:

> „Die existierenden Machtstrukturen und Bündnisse auf der einen und das britische Modell kleiner Territorialstaaten mit erblichem Königtum auf der anderen Seite paßten sich allmählich an... Es wurden also nicht *tribes* in Häuptlingstümern organisiert, sondern umgekehrt wurden Häuptlingstümer, deren Grenzen durch ganz andere als ethnische Faktoren beeinflußt worden waren, nachträglich mit einem ethnischen Etikett versehen." (Lentz 1997: 156)

Das territoriale Prinzip der Kolonialverwaltung beeinflußte das Verhältnis von Ethnizität und Territorium nachhaltig. Mit den „Stämmen" wurden auch zugehörige Territorien „erfunden". Die Bevölkerung wurde aus kolonialer Sicht stark in räumlichen Einheiten wahrgenommen. In einigen Kolonialstaaten wie Kenia führte dies zur Schaffung von *natives reserves*, Reservaten, in denen per Dekret jeweils nur noch ein „Stamm" leben durfte. Da räumliche Nähe und eine gemeinsame Region, wie beschrieben, potentiell Solidarität stiftend ist, hatte dies auch auf die Bevölkerung einen Effekt. Benedict Anderson (1988: 122f.) illustriert am Beispiel Indonesiens, wie die koloniale Definierung eines Territoriums entscheidend für die Vorstellung der diesbezüglichen Gemeinschaft wurde. (Dies gilt für die niederländischen „Eroberungen" und nicht für die Okkupation Osttimors 1975).

Und analog zur geschilderten Entwicklung, daß die betroffenen Afrikaner diese „Erfindung" angenommen und für ihre Interessen instrumentalisiert haben, möchte ich argumentieren, daß dies auch für das ethnische Territorialprinzip gilt. Im Sinne des machtstrategischen Einsatzes von Ethnizität ist der Zusammenhang von Ethnizität und Territorialität markant. Ethnizität habe ich oben als Strategie beschrieben, mit der sich, mittels Rückgriff auf ethnische Elemente, die Machtposition der eigenen Person oder Gruppe stärken oder behaupten läßt. Territorialität läßt sich definieren als der Versuch von Individuen oder Gruppen, andere Menschen und (politische, soziale, ökonomische) Verhältnisse zu beeinflussen und zu kontrollieren, indem sie die Kontrolle über einen bestimmten Raum und die damit verbundenen lokalen Ressourcen geltend machen (Casimir 1992: 20; Sack 1986: 19). Sowohl Ethnizität wie auch Territorialität können also als Strategien angesehen werden, Interessen effizient zu vertreten. Ethnische Argumente, vor allem der Bezug auf gemeinsame Geschichte, sind in der Regel effizienter, aber der Bezug auf einen Raum ist „noch vielseitiger und kostet wenig" (Pohl 1993: 82). Wenn es gelingt, ethnische *und* territoriale Argumente zu verbinden, wenn ethnische Identität und raumbezogene Identität sozusagen argumentativ kompatibel sind, verstärkt dies die Machtposition.

5 Die Problematik ethnographischer Kartierung (Teil 1)

Nach den vorangegangenen Kapiteln stellt sich nun an dieser Stelle eine Reihe von Fragen: Was ist eine ethnographische Karte? Welche Kriterien können zugrunde gelegt werden? Was kann sie darstellen und was nicht? Kann es nach heutigem Verständnis von Ethnizität eine aussagekräftige ethnographische Kartierung geben?

Zur Geschichte ethnographischer Karten

Unter einer ethnographischen Karte versteht man generell die systematische und abstrahierende Kartierung ethnographischer Objekte und Erscheinungen. Diese können sehr allgemein die Verbreitung ethnischer Gruppen oder Völker beinhalten, oder sie können einzelne Aspekte wie Sprachgruppen, Religionen, Elemente sozialer Kultur (z.B. Rituale) oder materieller Kultur (z.B. die Verbreitung bestimmter Artefakte) kartieren. Die inhaltliche Problematik ethnographischer Karten ist nach dem heutigem Verständnis von Ethnizität und ethnischen Gemeinschaften offensichtlich. Sind Konzepte wie Rasse, Volk und auch Ethnie an sich schon problematisch und durch ihre relative Willkürlichkeit fragwürdig, so kommt durch die räumliche Fixierung der Karte eine weitere Problematik hinzu. Ein Blick ins *Lexikon der Kartographie* von Werner Witt (1979) zeigt, daß aufgrund dieser Kritik „in vielen Fachdarstellungen ... die Bezeichnung der ethnographischen Karte überhaupt nicht mehr gebraucht" wird (*ibid.*, 118). Dies liegt, nach Witt, vor allem an dem beschriebenen Paradigmenwechsel in der Ethnologie und in der Sozialanthropologie. Da heute die Definierung und gegenseitige Abgrenzung von Ethnien – und natürlich auch Rassen – nicht mehr in der Bestimmtheit möglich scheint wie noch vor 50 und erst recht vor 100 Jahren, ist auch die Angabe der räumlichen Verbreitung problematisch. Einen zweiten Grund sieht Witt in der veränderten ethnologischen Wissenschaftsmethodik:

Der Begriff [der ethnographischen Karte], der zur Zeit der Entdeckungsreisen seine größte Bedeutung hatte, hat auch deshalb an Bedeutung verloren, weil an die Stelle der ursprünglichen geographischen Expeditionsberichte mit ihren Feldforschungsmethoden, soziologische Interviewtechniken ... getreten sind; ihnen ist das Arbeiten mit Karten weitgehend fremd. (*ibid.*, 119)

Natürlich gibt es weiterhin Karten, die früher als „ethnographische Karten" zusammengefaßt wurden, also „Sprachenkarten", „ethnische Karten", „Religionskarten" oder „Völkerkarten", letztere heute eher im Sinne von „Nationalitätenkarten" oder „Herkunftskarten". Alle diese Karten sind von zwei grundsätzlichen Problemen geprägt, wollen sie sich von politischen Motiven freisprechen. Das erste ist eines, das Karten grundsätzlich betrifft, aber gerade auch in bezug auf ethnographische Karten häufig mißachtet wird, das der Zweckmäßigkeit. Kretschmer resümiert in ihrer (insgesamt recht schematischen) *Untersuchung zur volkskundlichen Kartographie*:

„Die raumbezogene Betrachtungsweise ist somit eine Teilrichtung der volkskundlichen Methode, die als Ausdrucksmittel die kartographische Darstellung erfordert. Diese scheint nur dann gerechtfertigt, wenn sie es ermöglicht, zweckmäßige Interpretationen zu leisten." (Kretschmer 1965: 7)

Das andere, gravierendere Problem ist die Schwierigkeit der Datenzuverlässigkeit. Witt weist am Beispiel der Sprachenkarte auf diese Problematik hin, die in unterschiedlicher Ausprägung auf alle genannten Kartentypen zutrifft:

„So läßt sich in gemischtsprachigen Gebieten die Entscheidung über die Muttersprache, Umgangssprache oder Denksprache nicht objektiv treffen, sondern ist in das Ermessen des Befragten gestellt, und dieser wird sich oft nach seinem politischen Zugehörigkeitsgefühl oder nach der politischen Zweckmäßigkeit entscheiden." (*ibid.*, 537)

Dies ist kein Problem vorhandener und noch nicht eingeholter Information, sondern ein Problem der Unmöglichkeit „objektiver" Daten.

Obwohl die Kartierung ethnographischer Objekte und Erscheinungen schon früh in der Geschichte nachzuweisen ist, begann erst in der Mitte des 19. Jahrhunderts eine systematische und vergleichende Erarbeitung ethnographischer Karten. In dieser Zeit etablierte sich auch der Begriff der ethnographischen Karte. Aufgrund der rasch ansteigenden Menge von Informationen über europaferne Regionen sah man sich in der Lage, auch ethnographische Weltkarten und Atlanten zu produzieren. Dem zentralen wissenschaftlichen Leitbild folgend, die Welt und ihre Bewohner zu ordnen und zu klassifizieren, entstand im 19. und frühen 20. Jahrhundert eine große Menge solcher ethnographischer Karten. Die erste umfangreiche „ethnographische" Kartensammlung erschien Mitte des 19. Jahrhunderts in dem wegweisenden *Physikalischen Hand-Atlas* von Heinrich Berghaus (**K9**).[40] Wie ich in Kap. 10 ausführen werde, wurden dabei „Völker" nach ihrer Sprachverwandtschaft und Rassen nach somatischen Aspekten, nach „manche[m] zur Physik des Menschen"[41] geordnet. In der Tat befand sich die ethnographische Karte bis zur Mitte des 20. Jahrhunderts in einem Spagat zwischen Rassen- und Sprachenkarte. Das *Lexikon zur Geschichte der Kartographie*, welches die Zeit bis zum ersten Weltkrieg erfaßt, weist bezeichnenderweise statt eines separaten Eintrags für „ethnographische Karte" einen für „Sprachenkarte, Völkerkarte (ethnographische Karte)" auf. Diese werden zusammenfassend definiert als „Karte[n] der räumlichen Verbreitung von Sprachen bzw. Völkern (gelegentlich auch von Rassen)".[42]

Der politische Aspekt ethnographischer Karten

Mit der Betonung der territorialen Rassen- und Völkerklassifizierung gewannen ethnographische Karten (vor allem seit dem späten 19. Jahrhundert) eine erhebliche politische Bedeutung als „wissenschaftlicher Beweis" zur Untermauerung von territorialen Ansprüchen, insbesondere im Kontext von Unabhängigkeits- bzw. Autonomiebewegungen (Kretschmer *et al.* 1986: 764). Da in der Regel beide Parteien ihre Gebietsansprüche durch kartographische Darstellungen untermauern, kommt es nicht selten zu „politischen Kartenkriegen", deren Erfolg dann nicht zuletzt von der Prägnanz der graphischen Gestaltung der Karten abhängt (Witt 1979: 537). Am Beispiel von Karten Ost- und Südosteuropas des 19. und frühen 20. Jahrhunderts weist Wilfried Krallert einen solchen „Kartenkrieg" nach, geführt mit „Karten, die in die

Ebene politischer Propagandamittel auch dann gehören, wenn sie in Einzelfällen fachlich auf genauen Grundlagen beruhen, Karten, die zu Waffen wurden im Kampf um ganze Länder" (1961: 99). Sehr markante Beispiele der polit-propagandistischen Nutzung von Rassen- und Völkerkarten (und weniger von Sprachenkarten) finden sich in der Geopolitik des nationalsozialistischen Deutschland und ihrer „Lebensraum"-Lehre.

Auch wenn man heute selten Karten findet, die ihre politischen Intentionen derart offensiv zur Schau tragen, hat sich nichts an der politischen Dimension ethnographischer Karten geändert. Deutlich wird dies aktuell in der Nutzung von Karten, mit denen alle Kriegsparteien der letzten Jahre im ehemaligen Jugoslawien ihre territorialen Ansprüche rechtfertigen. Ebenso oft wie diese offensichtlich politische Nutzung dienen Karten, auf denen die ethnische Zugehörigkeit der Bevölkerung dargestellt ist, auch als „neutrale", „objektive" Karten innerhalb der Berichterstattung „seriöser" Massenmedien zur Erläuterung von Konfliktursachen. Betont wird dabei zwar oft, daß der Sachverhalt, den die Karten darstellen, politischer Natur ist, negiert wird dabei aber, daß schon der Konstruktion der Karten eine politische Dimension innewohnt. Zum einen resultiert diese aus der Frage nach der Aussagekraft und Gültigkeit ethnographischer Daten. Zum anderen erwächst sie aus der Frage nach der Gültigkeit und Korrektheit der kartographischen Darstellungsform dieser Daten. Peter Jordan (1999) hat die drei heute gängigen Methoden der kartographischen Darstellung von ethnischen Strukturen verglichen: die Flächenmethode, die Punktstreuungsmethode und die Diagrammsmethode.[43] Neben der offensichtlichen „Manipulationsmethode" durch Farbzuweisung erkennt er auch in der Auswahl der Darstellungsform die Möglichkeit, das visuelle Ergebnis zu lenken. So kommt er unter anderem zu dem Schluß, daß die Flächenmethode ethnische Gruppen in dünn besiedelten Gebieten begünstigt, die Punktstreuungs- und die Diagrammsmethode dagegen dicht besiedelte Gebiete stärker betont. Die Flächenmethode ist aufgrund ihres fehlenden Bezuges zur absoluten Bevölkerungszahl die am wenigsten aussagekräftigste, andererseits aber die visuell wirksamste und damit eindrücklichste. Für Jordan ist es deshalb „nicht verwunderlich, daß sie für volkstümliche oder politische Aussageabsichten bevorzugt wird" (*ibid.*, 125).

Obwohl es auch alternative, und aus meiner Sicht sehr begrüßenswerte, Ansätze gibt Ethnizität zu kartieren,[44] ist nach wie vor die Mehrzahl der Karten, die ethnische Gruppen darstellen und verorten, vor allem nach Sprachkriterien erstellt. Der Grund sind sicherlich die vermeintlich einfach zu erhebenden und zu operationalisierenden Daten. Und so befindet sich die ethnographische Kartographie heute wie vor hundert Jahren in einer, wie John

Noyes es treffend formuliert, „strange and uncomfortable position..., sandwiched between linguistic and political cartography" (1994: 250).

6 Zum Ansatz der dekonstruktivistischen Interpretation (nicht nur) ethnographischer Kartierung

Eine vorläufige Zusammenfassung

Was bedeutet das bis hierhin ausgeführte Verständnis von Kartierung und Karten einerseits und von Ethnizität andererseits für eine kritische Interpretation von ethnographischen Karten? Für die Interpretation von Karten generell läßt sich dies so zusammenfassen: Karten sind eine dominante Form, Raum und räumliche Strukturen zu repräsentieren. Aufgrund der ihnen innewohnenden Autorität sind sie in der modernen westlichen Welt vermutlich die dominante Form, räumliche Zusammenhänge zu visualisieren. Diese Repräsentation ist aber nicht als Spiegelung einer – wie auch immer verstandenen – Wirklichkeit zu verstehen. Vielmehr liegt dem hier verwendeten Kartenverständnis die These zugrunde, daß der Vorgang der Repräsentation in der Konstruktion von neuem Wissen resultiert. Karten sind also nicht, zumindest nicht primär, als Medien der Informationsübermittlung zu verstehen. Vielmehr sind sowohl Kartierung als auch Kartennutzung/Kartenlesen Prozesse der Wissensbildung. Dabei sind sowohl Kartenproduktion als auch -rezeption in einen politischen, kulturellen, sozialen, ökonomischen und wissenschaftsideologischen Kontext eingebunden. Innerhalb dieses Kontextes wird das raumbezogene Wissen ausgewählt und strukturiert und durch die Auswahl und Anwendung kartographischer Repräsentationstechniken visualisiert. Eine kritische Kartenbetrachtung muß also den Versuch unternehmen zu verstehen, in welchem Kontext welche Informationen produziert, ausgewählt und kartographisch umgesetzt wurden und welches neue Wissen aus der Karte gelesen werden kann bzw. zum Zeitpunkt der jeweiligen Rezeption gelesen werden konnte.

Dies ist ein komplexes Unterfangen. Die Betrachtung von Karten allein hilft nicht weiter. Das Problem ist, daß Karten wie alle Texte nach postmoderner Lesart niemals eindeutig zu lesen sind. Um es am bereits benutzten Bild von Karten als Archiv zu illustrieren: Karten können und sollen nach diesem im weiteren Sinne poststrukturalistischen und postmodernen Sinne noch immer als Archiv betrachtet werden, aber eben nicht mehr als neutrales, statisches Archiv zur Speicherung objektiven Wissens:

> „From this poststructural position, the metaphorical archive constructs itself: there is no pre-existing structure within which to fit and to arrange facts. Instead, the archive stands for the discursive field of knowledge-representations which constitute our understanding of the world. The poststructural archive is no longer the coherent and ordered archive as it traditionally has been envisioned: it is fractured, ambiguous, duplicitous, and nuanced. The coherency and order of the archive is an ideological myth." (Edney 1997: 41)

Das Archiv gibt keine eindeutigen Antworten. Wie jeder Text ist es nach postmoderner Lesart nicht nur mehrdeutig, sondern auch uneindeutig. Dies gilt für Karten aufgrund der Übersetzungsschwierigkeit in kartographisch verwendbare Zeichen und Elemente in besonderem Maße. Anette Baldauf kommt zu dem Schluß, daß im postmodernen Paradigma eine univokale, inklusive, „saubere" Kartierung unmöglich ist (Baldauf 1997). Diese Problematik ist nicht auflösbar. Hinzu kommt, daß auch ich als Autor in einen kulturellen und gewissermaßen wissenschaftsideologischen Kontext eingebunden bin und dieser meine Sichtweise bestimmt. Auch meine Interessen und Erfahrungen, meine jeweils fehlenden und vorhandenen Detailkenntnisse des historischen Kontextes formen das Wissen, das ich den Karten entnehme. Ich biete eine, wie ich hoffe, schlüssige und nachvollziehbare Dekonstruktion der ethnographischen Kartierung Deutsch-Ostafrikas an, aber eben nur *eine*. Das bedeutet nicht, daß eine solche Dekonstruktion beliebig ist. Jede ernsthafte wissenschaftliche Auseinandersetzung wird im Kern den historischen Kontext der Kartierung herausarbeiten und auf eine dominante, zeitgenössische Form der Rezeption der jeweiligen Karte schließen, allerdings mit jeweils unterschiedlicher Akzentuierung.

Es geht also nicht primär um die Karten als solche, sondern um den kartographischen Prozeß von Wissensbildung. Aus diesem Verständnis heraus erklärt sich auch meine Bevorzugung des Begriffes „Kartierung" gegenüber „Karten" im Titel der Arbeit. Während „Karte" das mechanisch/technisch produzierte Artefakt als solches bezeichnet, impliziert „Kartierung" den gesamten Kontext des Prozesses der Produktion und, in gewisser Weise, auch der Rezeption einer Karte. Denis Cosgrove drückt dies so aus: „Any map may thus be regarded as a hinge around which pivot whole systems of meaning, both prior and subsequent to its technical and mechanical production" (Cosgrove 1999a, 9). Die Hinwendung zur „Kartierung" ist das, was Wolfgang Scharfe anspricht, wenn er schreibt, Kartographiegeschichte sollte nicht als „objektorientiert", sondern als „systemorientiert" verstanden werden. Natürlich dient die Karte als „das Einstiegstor in die historische Problematik" (Scharfe 1990: 5), aber letztlich sollte es der Kartographiegeschichte darum gehen, sich in Anlehnung an die Kartographiedefinition als „Wissenschaft von den analogen räumlichen Informationssystemen" mit diesen Systemen „in der historischen Dimension" auseinanderzusetzen (*ibid.*, 5). „Dabei ist ein Informationssystem die zielgerichtete Aufeinanderfolge von Informationsprozessen geistig-abstrakter wie pragmatisch-konkreter Art als Ausdruck der geistig-materiellen Möglichkeiten und Bedürfnisse in einer bestimmten Zeit und in einem bestimmten Raum" (*ibid.*, 5).[45] Die Aufgabe einer kritischen Karteninterpretation ist es nun, diese Informationsprozesse sowie die „geistig-materiellen Möglichkeiten und Bedürfnisse", also den sozialen, politischen und kulturellen Kontext, offenzulegen (siehe auch Edney 1996: 189).

Zum praktischen Vorgehen

Wie kann dies konkret bezüglich der ethnographischen Kartierung Deutsch-Ostafrikas geschehen? Mein Vorhaben ist es, einige ausgewählte Kartenbeispiele, wie einen schriftlichen Quellentext, mittels Fragen nach Autor, Zielsetzung und Produktionsrahmen zu entschlüsseln und in Beziehung zu dem politischen, wissenschaftlichen und kulturellen Hintergrund ihrer Produktion und der damaligen dominanten Rezeption zu setzen. Dabei stehen, gemäß dem oben skizzierten Ansatz, nicht die Karten im Mittelpunkt, sondern die Kartierung. Zum einen werte ich neben den Karten viele schriftlichen Quellen (Reiseberichte, wissenschaftliche Arbeiten der Zeit und Archivmaterial) aus und vergleiche dann die gewonnenen Erkenntnisse mit den Informationen auf den Karten. Zum anderen beziehe ich mich immer wieder auf die in Teil A gemachten theoretischen Überlegungen zu Raum, Ethnizität und dem Machtpotential von Karten und überprüfe ihre Relevanz für die ausgesuchten Karten.

Zunächst skizziere ich die Geschichte der europäischen, und vor allem der deutschen Erforschung Ostafrikas im 19. Jahrhunderts. Dem folgt eine Beschreibung der Entwicklung der Kartierung Ostafrikas von frühen Einzelinitiativen bis zur planmäßigen Kartierung der deutschen Kolonie. Dabei gehe ich auch gezielt auf Aspekte der in den Kapiteln 2 und 4 geschilderten kartographischen Produktion von Raum durch koloniale Kartierung generell ein. Aufbauend auf den in Kapitel 5 und 6 angestellten theoretischen Überlegungen zu Ethnizität und ethnographischen Karten, konkretisiere ich in einem weiteren Schritt die diesbezüglichen Konzepte anhand von Beispielen und stelle sie in einen Bezug zu den wissenschaftlichen Leitideen ihrer Zeit. Anschließend frage ich nach der Produktion der ethnographischen Informationen. Wer sammelte/produzierte Kenntnisse über ethnographische Verhältnisse aus welchen Gründen? Und in welcher Weise, d.h. nach welchen Richtlinien? In Kapitel 13 stelle ich schließlich sieben Aspekte vor, teils bezogen auf die Motivation und teils bezogen auf den Effekt der ethnographischen Kartierung Deutsch-Ostafrikas; dies sind Aspekte, die meines Erachtens wesentlich sind für die Bewertung der kartographischen Produktion von kolonialem Raum durch ethnographische Informationen.

Wie aus dem ersten Teil dieser Arbeit ersichtlich geworden ist, nimmt bei der Frage der Produktion kolonialen Raumes der Zusammenhang zwischen der kartographischen Wissensproduktion und der Kartierung als einem Machtfaktor eine zentrale Position ein. Dementsprechend werde ich auf diesen Aspekt im Laufe des zweiten Teils immer wieder explizit zurückgreifen. Mein Anliegen ist es, eine differenzierte Betrachtung des historischen Kontextes mit Betonung der kartographischen Macht- und Wissensbildungsprozesse zu ermöglichen. Auf die Gefahr hin, mich zu wiederholen, ist es mir an dieser Stelle wichtig, noch einmal zu betonen, daß ich nicht demonstrieren möchte, daß Kartierung und Karten immer politisch aggressiver Natur sind und ihr Machtpotential immer bewußt zu manipulativen Zwecken ausgeschöpft wird. Ich mißtraue Kartographen nicht in dieser Weise, wie dies etwa Brian Harley tat. Zum einen sind Karten potentiell manipulativ, weil sie suggestiv sind, aber dies sind sie *per se*; bewußt oder nicht, aggressiv oder nicht, ist dabei zunächst zweitrangig. Und zum anderen sind Karten auch nicht immer in derselben Qualität und im selben Ausmaß manipulativ. Es ist nicht sinnvoll, in jeder Karte nach einer „Verschwörung" zu suchen. Oftmals sind die Kriterien bei der Selektion der Informationen und der Darstellungsmethoden primär pragmatischer und ästhetischer Natur. Dieser Aspekt wird meiner Ansicht nach in der aktuellen Diskussion der „neuen Kartographiegeschichte" nicht immer genug beachtet.

Gleichwohl ändert dies nichts daran, daß Karten den durch sie dargestellten Raum in einer bestimmten Art konstruieren und strukturieren, die für den potentiellen Kartenleser zwei Dinge impliziert. Grundsätzlich ist der Kartennutzer, solange er nicht andere, vergleichbare Repräsentationen heranzieht, gezwungen, die Perspektive des Kartenautors anzunehmen. Darüber hinaus, und das scheint mir wesentlich für den Aspekt der Macht, stimulieren die – mal mehr, mal weniger – in allen Karten vorhandenen und oft verborgenen Konnotationen und Assoziationen zu moralischen und politischen Wertungen und zu Handlungen.

Anmerkungen

1 Ein größerer Kartenausschnitt in Farbe sowie ein genaue Quellenangabe befindet sich auf der beigefügten CD-ROM unter **(K4)**.
2 Vgl. Cosgrove (1999a, 12) und Turnbull (1993: 1f.). Diese umfassenden Kartenzuschreibungen sind vor allem dann gültig, wenn man den Begriff der Karte so weit faßt wie heute im akademischen Diskurs weitgehend üblich. Die wohl inklusivste Definition stammt von Harley und Woodward (1987: xvi) und lautet: „Maps are graphic representations that facilitate a spatial understanding of things, concepts, conditions, processes, or events in the human world."
3 Ich verwende den Begriff der Postmoderne mit gemischten Gefühlen. Einerseits ist er prinzipiell kritisch zu betrachten, da er das meines Erachtens falsche Bild einer vollzogenen Ablösung der Moderne und eines „sauberen" Neuanfangs impliziert. Er verschleiert, daß neue und alte Ideen nebeneinander stehen, miteinander streiten und zumeist auch in unterschiedlichen Variationen miteinander verwoben werden; eine Situation, die sich besser mit „Spätmoderne" fassen läßt. Andererseits sind es aber gerade die Konzepte und Theorien, welche die Ablösung moderner Paradigma anstreben (wie etwa die Verneinung objektiver Eindeutigkeit), die mit dem Begriff der Postmoderne assoziiert werden und die auch für die vorliegende Arbeit wichtig sind.
4 Der Begriff ist älter und geht, nach David Gregory, auf David Harveys *Social Justice and the City* aus dem Jahr 1973 zurück (Gregory 1994a). Er hat sich aber vor allem durch Gregorys gleichnamige Arbeit aus dem Jahre 1994 (b) etabliert.
5 Eine anschauliche, weil sehr freie Annäherung an diese Konzepte von gelebtem Raum und Lebensraum bietet Franz Xaver Baier in: Raum: Prolegomena zu einer Architektur des gelebten Raumes, Köln: Verlag der Buchhandlung Walther König 2000.
6 Donna Haraway, Simians, cyborgs and women: the reinvention of nature, London: Routledge 1991, S. 189; zit. in: Gregory 1998b, 57.
7 Henri Lefebvre, Everyday life in the modern world, London: Penguin Press 1971, S. 30.
8 Ich möchte damit nicht behaupten, daß es nicht auch Wissen gibt, daß sich aus seiner lokalen Zuordnung löst und in abstrahierter Form eine überörtliche und überzeitliche Gültigkeit zuerkannt bekommt. Der Punkt, auf den es mir hier ankommt, ist daß Wissen *zunächst* immer verortet ist und *meist* auch verortet bleibt.
9 Timothy Mitchell, Colonizing Egypt, Cambridge: Cambridge University Press 1988, zit. in: Gregory 1998a, 25. Auch der Titel „The world as exhibition" ist von Mitchell übernommen, aus dem gleichnamigen Artikel in: Comparative Studies in Society and History, 31 (1989), S. 217-236.
10 Obwohl sie wiederum anders „europäisch" waren. Gregory zitiert Anne Laura Stoler, die argumentiert, daß europäische Kolonien Orte waren, in denen neue, andere Formen von „Europäisch-sein" konstruiert werden konnten, welche sich oft deutlich von dem Selbstverständnis und Habitus der Bewohner europäischer Städte unterschieden (Gregory 1998a, 32).
11 Vgl. The Complete Short Fiction of Joseph Conrad, New York: Ecco Press 1991, Zitate auf S. 42 und 44.
12 Ein anderer sehr fruchtbarer Diskussionsbeitrag, der ebenfalls die zentrale Position der Sprache für die Produktion von kolonialem Raum demonstriert, ist John Noyes, Colonial Space, Chur/Reading: Harwood Academic Publishers 1992. Als Literaturwissenschaftler beschäftigt sich Noyes am Beispiel der Kolonie Deutsch-Südwestafrika mit der Rolle, die die zeitgenössische Literatur bei der Produktion kolonialen Raumes gespielt hat. Da dies für den Aspekt der Kartographie nur wenige Berührungspunkte öffnet bzw. Aspekte anspricht, die den Rahmen meiner Arbeit sprengen würden, habe ich diese Arbeit nicht in dem Maße berücksichtigt, in dem sie es verdient hätte.
13 Dies gilt vor allem für die geographische Diskussion in Großbritannien und Nordamerika.
14 Christopher Norris, Derrida, Cambridge: Harvard University Press, 1987, S. 19; zit. in: Harley 1989: 8.
15 Eine vermutlich vollständige Auflistung seiner kartographietheoretischen Publikationen fin-

det sich in Andrews 1994: 15-17.
16 Der Nachdruck in Trevor J. Barnes & James S. Duncan, Writing Worlds: Discourse, Text and Metaphor, London/New York: Routledge, 1992, S. 231-247, enthält einige Änderungen, weil Harley den Versuch unternimmt, seine primär auf die Geschichte der Kartographie orientierten Argumente auf die Geschichte der Anthropogeographie zu verallgemeinern (Andrews 1994: 16).
17 J.B. Harley/David Woodward (Hg.), History of Cartography, Chicago/London: University of Chicago Press, ab 1987.
18 Belyea (1992) kommt in einer sehr kritischen Auseinandersetzung mit Harleys Arbeiten zu dem Schluß, daß dieser die Konzepte von Derrida und Foucault, auf die er sich explizit (1989: 2) stützt, erstens zum Teil nicht richtig verstanden habe und zweitens es nicht geschafft habe, die Konzepte konsequent auf die Kartographie zu übertragen. Edney (1996: 187), der Harley prinzipiell zustimmt, kritisiert seinen Hang zur Generalisierung, welcher ihn zu einem „leichten Opfer" der Kritik von Empiristen wie Andrews (1994) werden lasse.
19 Das Zitat stammt von Seite 231 der in der Anmerkung genannten zweiten Version von „Deconstructing the map". (Außer der Verwendung dieses Zitats beziehe ich mit ausschließlich auf die erste Fassung.)
20 James A. Williamson, The voyages of the Cabots and the English discovery of North America under Henry VII and Henry VIII, London, 1929, S. 279; zit. in: Andrews 1994: 4.
21 J. K. Wright, Map makers are human: Comments on the subjectivity in maps. In: Geographical Review, 32 (1942), S. 527-544, Zitat S. 535; zit: in: MacEachren 1995: 339.
22 In den vergangenen zehn Jahren erschien eine Reihe wichtiger Arbeiten, die sich dem Paradigma der „sauberen Kartierung" (Baldauf 1997) widersetzten und dabei Harleys Ansatz weiterentwickelten, relativierten und differenzierten (vgl. Cosgrove 1999b; Black 1997; Mac Eachren 1995; Turnbull 1993; Wood 1992)
23 Edney (1996: 188) weist zu Recht darauf hin, daß die oftmals (und auch von mir) vorgenommene Subjektivierung von Karten den Eindruck erweckt, daß Karten aus sich selbst heraus wirken. Dies bestärkt die Idee von Karten als neutralen, kontextungebundenen Dokumenten und verschleiert die Tatsache, daß Karten nur aufgrund der ihnen in einem spezifischen kulturellen Rahmen zugewiesenen Attribute wirksam sein können. Wenn ich trotzdem zu diesem stilistischen Kürzel greife, nehme ich die inhaltliche Unsauberkeit zugunsten einer sprachlichen Pointierung in Kauf.
24 Edney 1997: 2. Das deutsche Wort Kartierung besitzt im allgemeinen Sprachgebrauch nicht den erweiterten Bedeutungsinhalt des englischen *mapping*, also im sehr allgemeinen Sinne des intellektuellen Prozesses *und* im Sinne der materiellen Kartenherstellung. „Kartierung" wird fast ausschließlich im letzteren Sinne verwendet. Analog ist auch *map* weiter gefaßt als Karte.
25 Roland Barthes, Elements of Semiology, London: Cape 1967; zit. in: MacEachren 1995: 345.
26 Alle drei Elemente sind stark mit der regelmäßigen Nutzung von Karten assoziiert. Bei „Mobilität" und „Massenmedien" ist der Zusammenhang leicht nachvollziehbar. Bezüglich „Spezialisierung" stellt Wood die interessante These auf, daß in einer von Spezialisierung geprägten Gesellschaft Karten nötig sind „to keep track of each other and what we're up to" (Wood 1992: 38). Dies ist bei „überschaubaren", kleinen und nicht von Spezialisierung geprägten Gesellschaften nicht der Fall.
27 M. Hannah, Foucault deinstitutionalized: Spatial Prerequisites for modern social control. Unveröffentlichte Ph.D.-Arbeit, Department of Geography, Pennsylvania State University, 1993; zit in: MacEachren 1995: 246.
28 Letzteres ist ein gutes Beispiel für die Gefahr, die eine heroisierende Namensgebung beinhaltet. Fällt der „Held" in Ungnade, erhält der Ortsname eine unerwünschte negative Konnotation, das Gegenteil der ursprünglichen Intention. Der Umstand, daß der See von der ugandischen Regierung wieder in „Lake Albert" rückbenannt wurde, basiert aber wiederum auf einem anderen Grund und verdeutlicht eine überraschende Kehrtwendung Ugandas im Umgang

	mit kolonialen Namen. Die Umbenennung ist Teil einer weitreichenderen Politik des Rückgriffes auf koloniale Ortsnamen in der (vermutlich berechtigten) Hoffnung, mehr Touristen anzusprechen, denen die englischen, kolonialen Namen assoziativ näher sind.
29	Joseph Greenberg, The Languages of Africa, Bloomington: Indiana University Press 1963.
30	Vgl. z.B. The integrative revolution: Primordial sentiments und civil polities in the new states. In: Clifford Geertz (Hg.), Old Societies and New States, New York 1963, S. 105-157.
31	In Anlehnung an die „Marx'sche Vorstellung der Entwicklung von der Klasse-an-sich zur Klasse-für-sich" schlägt John Rex vor: „Vielleicht können wir von Ethnizität-an-sich im Sinne der primordialen Ethnizität und von Ethnizität-für-sich sprechen, wenn es die Situation ist, die ethnische Gruppen erst hervorbringt" (Rex 1990: 147).
32	Ethnische Identität stellt dagegen eher die Persistenz, „das Moment des Beharrens" heraus (Heinz 1993: 341). Da aber seiner Einschätzung nach „ethnische Identität" und „Ethnizität" seit Barth mehr oder weniger synonym verwendet werden, spielt die Unterscheidung in der heutigen Ethnizitätsdiskussion keine Rolle mehr.
33	In diesem Sinne stimmt vermutlich auch Elwert einer notwendigen Übereinstimmung der emischen und etischen Ebene zu, wenn er schreibt: „Eine Selbstzuschreibung als Ethnie, die sich nicht in einer entsprechenden Fremdzuschreibung spiegeln kann, ist instabil". Walter Hirschberg (Hg.), Wörterbuch der Völkerkunde, Berlin: Reimer 1999, S. 100.
34	Michel Panoff/Michel Perrin (Hg.), Taschenwörterbuch der Ethnologie, Berlin: Reimer 1982, S. 282.
35	Wie in den afrikabezogenen Geisteswissenschaften üblich, ist hier mit „Afrika" der Kontinentteil südlich der Sahara gemeint, der sich bei allen „inneren" Unterschieden sowohl historisch als auch in seinen aktuellen Erscheinungsformen vom arabisch geprägten Nordafrika unterscheidet.
36	Walter Hirschberg (Hg.), Wörterbuch der Völkerkunde, a.a.O., S. 370.
37	Lutz Hoffman, Das „Volk": Zur ideologischen Struktur eines unvermeidbaren Begriffs. In: Zeitschrift für Soziologie, 20.3 (1991), S. 197-208.
38	Meyers Großes Taschenlexikon in 24 Bd., 2., neu bearb. Aufl, Mannheim: B.I. Verlag 1987, Bd. 21, S. 62; Walter Hirschberg (Hg.), Wörterbuch der Völkerkunde, a.a.O., S. 354.
39	Leonhard Harding weist darauf hin, daß die Verwendung europäisch geprägter Begriffe aus dem politischen und gesellschaftlichen Bereich, wie hier „Staaten", selten den afrikanischen Realitäten gerecht wird. Andererseits ist aber deren Ersetzung durch eine „afrikanische Begriffsfindung" noch nicht im ausreichenden Maße erfolgt, so daß es darauf ankommt, die herkömmlichen Begriffe sensibel zu verwenden (Harding 1994: 31f).
40	Hier wie im folgenden Text verweist die Kennzeichnung (K...) auf eine Kopie der Karte (oder eines Ausschnittes) im Anhang bzw. auf die Kartenreihenfolge im Anhang. An dieser Stelle möchte ich Herrn Wolfgang Meinecke von der Kartenabteilung der Staatsbibliothek Berlin, Haus 2, für seine Unterstützung danken.
41	Teil der Überschrift der Karte „Menschen-Rassen" in Berghaus 1852b.
42	Kretschmer et al. 1986: 763. Die erste Sprachenkarte datiert das Lexikon auf das späte 16. Jahrhundert. Sprachenkarten größerer und auch außereuropäischer Gebiete entstanden jedoch erst ab dem späten 18. Jahrhundert. In dieser Zeit fängt auch die Geschichte der Völkerkarten an.
43	Die Flächenmethode nutzt Flächenzeichen (Farben/Raster), die sich auf statistischen/administrativen Flächeneinheiten erstrecken; die Punktstreuungsmethode setzt punkthafte Signaturen nach Größe, Farbe und Wertigkeit, unterschieden in statistische/administrative Bezugsflächen; die Diagrammsmethode bezieht Kreise und andere Formen, die sich in Größe an absoluten Zahlen orientieren und durch Farbe/Raster entsprechend den Anteilen der Ethnien unterteilt sind auf statistische/administrative Raumeinheiten.
44	Katharina Hackstein (1991) bezieht sich für die Ausarbeitung des „Tübinger Atlasses des Vorderen Orients" auf die Selbst- und Fremdzuschreibung von Ethnonymen, d.h. den Namen ethnischer Gruppen. Dabei geht sie davon aus, daß je nach Kontext eine Person ihre ethnische

Bezugsgruppe jeweils anders benennen kann. Der „Atlas vorkolonialer Gesellschaften" (1999) beinhaltet Karten zu den Themenkomplexen: Sprachfamilien, Subsistenzformen, Politische Organisationsformen, Heiratsformen, Familientypologie, Deszendenzsysteme und Verwandtschaftsgruppen, Intergenerationärer Wertetransfer.

45 Dies ist keine einzelne Meinung, sondern ein deutlicher und bedeutsamer Richtungswechsel in der Wissenschaft der Kartographiegeschichte, wie das monumentale Projekt der Neuinterpretation der Weltgeschichte der Kartographie, die mehrbändige „History of Cartography" zeigt. Auch dort ist der Ansatz dezidiert „systemorientiert".

Teil II

Die ethnographische Kartierung von Deutsch-Ostafrika

7 Das deutsche Interesse an Ostafrika im 19. Jahrhundert

Die europäische Erforschung Ostafrikas im 19. Jahrhundert

Afrika war im 19. Jahrhundert vielleicht mehr als andere Kontinente der Ort europäischer Phantasien, Befürchtungen und auch Hoffnungen. Es war der „schwarze Kontinent", der dunkle, der am wenigsten erforschte Kontinent, der sowohl Abenteuerlust als auch Forschungsdrang mehr als reichlich zu sättigen versprach. Es war der Kontinent mit den größten „weißen Flecken" auf der Landkarte. Aus persönlicher Sicht konnte eine Ausfüllung der „weißen Flecken" wissenschaftliche Reputation und gesellschaftliche Anerkennung bedeuten. Aus ökonomischer Sicht handelte es sich um ein fast unermeßliches Reservoir von Rohstoffen, Absatzmärkten und Arbeitsmärkten. Aus christlich-missionarischer Sicht versprach Afrika – genauer gesagt „Neger-Afrika", wie damals Afrika südlich der Sahara meist genannt wurde – große Aufgaben. Nicht nur wurde Afrikanern generell eine niedrige Entwicklungsstufe zugeschrieben, von der das Christentum und die Einführung von „Kultur" sie heben könne, „Neger-Afrika" war auch der Ort der Versklavung, ein Zustand, den die politisch einflußreiche Abolitionismusbewegung vor allem in Großbritannien, aber auch in Deutschland anprangerte.[46] Bis zur Hochphase des Kolonialismus, die in den 1880er Jahren einsetzte, waren die wesentlichen Motive für eine Reise nach Ostafrika Handel und Missionierung. Erste deutsche Handelsniederlassungen gab es auf der Insel Sansibar, dem damaligen Handelszentrum für Ostafrika, bereits 1849; 1871 war ein Viertel des überregionalen Handels in Sansibar in der Hand deutscher Handelshäuser (Henderson 1965: 124).

So waren die Motivationen der Reisenden und „Kartographen" Ostafrikas in dieser Zeit, den 1850er und 1860er Jahren, vielfältig. Es gab etwa die deutschen Missionare Johann Rebmann und Johann Ludwig Krapf einerseits, es gab den abenteuersuchenden und jagdinteressierten Privatier Baron von der Decken andererseits.[47] Und die institutionalisierte Geographie war von Beginn an der Erforschung Afrikas verpflichtet. So nannte sich der 1788 gegründete Vorläufer der Londoner „Royal Geographical Society" aufschlussreich „African Association for Promoting the Discovery of the Interior Parts of Africa". Die Royal Geographical Society unterstützte maßgeblich viele Expeditionen, wie beispielsweise die von David Livingstone, John Hanning Speke oder Samuel Baker; die Reiseberichte, wissenschaftlichen

Ergebnisse und Karten veröffentlichte sie in ihrer Zeitschrift, dem *Journal of the Royal Geographical Society of London*.[48]

Die Rolle der deutschen Geographie

Nach London ging 1847 der 23-jährige deutsche Kartograph August Petermann, wo er sich rasch einen guten Ruf erarbeitete.[49] Im Auftrag der englischen Regierung fertigte er eine Vielzahl von Karten überseeischer Territorien an und setzte sich für die Organisation und Finanzierung von Forschungsreisen ein. Seiner Fürsprache ist es auch zu verdanken, daß zunehmend deutsche Forscher wie Heinrich Barth und Adolf Overweg an britischen Expeditionen teilnehmen durften. Nach nationalistisch geprägten Anfeindungen britischer Kollegen siedelte Petermann nach Gotha um, wo er ab 1855 im Justus Perthes Verlag die Zeitschrift *Petermann's Geographische Mittheilungen*[50] herausgab. Diese Zeitschrift war zu der Zeit das Hauptforum für Reise- und Forschungsberichte von vornehmlich deutschen Reisenden. Aufgrund seiner persönlichen Beziehungen zu vielen deutschen Forschungsreisenden – er unterstützte auch weiterhin finanziell viele Expeditionen – hatte er von der ersten Ausgabe an viele und vor allem sehr aktuelle Reiseberichte nebst Karten – die er als ausgebildeter Kartograph meist selbst bearbeitete – zu bieten. Die Zeitschrift verstand sich als wissenschaftliche Publikation, erfreute sich aber auch im Bildungsbürgertum einer großen Beliebtheit, wie allgemein die europäische Erforschung Afrikas sowohl von wissenschaftlicher Seite wie auch von einem interessierten Bürgertum gleichermaßen mit Interesse wahrgenommen wurde. Wissenschaftlich galt es die letzten unbekannten Regionen der Welt – und Ostafrika war bis auf das küstennahe Gebiet 1850 nahezu unbekannt – zu beleuchten und Lücken eines erdumfassenden geographischen Wissens zu schließen. Und für die Öffentlichkeit wurden bis dahin sagenumwobene Regionen literarisch und kartographisch geöffnet. Regionen mit gewaltigen Bergen, Flüssen und Seen, riesigen Herden wilder Tiere. Und nicht zuletzt interessierten die Bewohner, an die man angesichts der Geschichten von Kannibalismus und anderen unzivilisierten Gebräuchen zum einen mit Schauern dachte, zum anderen mit einem durchaus wohlwollenden Interesse an dem „Fremden", dem „Archaischen", dem „Naturmenschen".[51] Ab 1857 erschien eine weitere Zeitschrift, die populärwissenschaftliche *Globus: Illustrirte Zeitschrift für Länder- und Völkerkunde*, und nicht zufällig begannen kurze Zeit später, in den 1870er Jahren, in Deutschland die sehr beliebten Völkerausstellungen. Das Interesse war so groß, daß bereits die erste Ausgabe von PGM mit der für damalige Verhältnisse relativ hohen Auflage von 3.000 Stück rasch vergriffen war und nachgedruckt werden mußte (Hoffmann & Huschmann 1985: 82). Da neben den Polarregionen Afrika Petermanns bevorzugte Region war, gab es in seiner Zeitschrift eine Dominanz Afrika-bezogener Berichte. Afrika wurde greifbar, wurde vorstellbar für eine deutsche Leserschaft. Auch die Institutionalisierung der Afrikabezogenen Geographie wurde nach britischem Vorbild (und diesem gegenüber etwas zeitversetzt) vollzogen. Neben der Gründung zahlreicher geographischer Gesellschaften im 19. Jahrhundert formierte sich 1873 in Berlin die „Deutsche Gesellschaft zur Erforschung des äquatorialen Afrikas", welche wiederum 1878 zur „Afrikanischen Gesellschaft in Deutschland" umgewandelt wurde.[52] Auch vorher erhielten Afrikareisen bereits Unterstützung, und zwar durch die von der „Berliner Gesellschaft für Erdkunde" 1860 gegründete Carl-Ritter-Stiftung.

Diese Gesellschaften, die geographischen wie auch die afrikanischen, sind keinesfalls mit Kolonialgesellschaften, deren explizites Ziel die Förderung kolonialer Prozesse war, zu verwechseln. Die genannten Gesellschaften sahen sich ausschließlich im Dienste der Wissenschaft. Und der Bedarf an wissenschaftlicher Aufklärung war für kaum ein anderes Gebiet so groß wie für Afrika. Die vielzitierten „weißen Flecken" Afrikas existierten nicht nur auf den geographischen Karten (im engeren Sinne), „sondern auch auf den Karten bzw. Systemen aller Wissenschaften" (Essner 1985: 20). Die Aufgabe der Afrikanischen Gesellschaften sollte es vor allem sein, Expeditionen zu organisieren und für ihre Finanzierung durch die Privatwirtschaft zu sorgen. „Im Dienste der Wissenschaft" zu handeln bedeutete aber keineswegs unpolitisch zu sein. Ein Zitat aus einem öffentlichen Aufruf der „Gesellschaft für Erdkunde", welche mit ihrem Vorsitzenden Adolf Bastian eng an der Gründung der „Deutschen Gesellschaft zur Erforschung des äquatorialen Afrikas" beteiligt war, soll dies verdeutlichen:[53]

> „Da gerade in Afrika die Entdeckungen weniger von Colonialinteresse, als von uneigennütziger Liebe zur Wissenschaft geleitet werden ... hat die Gesellschaft für Erdkunde in Berlin es für ihre Pflicht gehalten ... dahin zu streben, daß in dieser bedeutsamen Epoche afrikanischer Entdeckungen, die fortan von dem Jahre 1872 datieren wird, Deutschland in derjenigen Ausdehnung mitbeteiligt sein möge, wie es seine politische Stellung aus dem Jahre 1870 verlangt."

Die Afrikaforschung erfolgte demgemäß einerseits „aus uneigennütziger Liebe zur Wissenschaft", andererseits aber sollte die deutsche wissenschaftliche Afrikaforschung die Machtposition des neu gegründeten Deutschen Reiches repräsentieren und bestärken. Die Gesellschaft für Erdkunde sah sich gar in der nationalen „Pflicht".[54] In der Tat läßt sich sowohl bei der „Erforschung"

Afrikas als auch explizit bei der Kartierung über Jahrzehnte hinweg ein nationaler Wettstreit – bezüglich Ostafrikas zwischen Deutschland und Großbritannien – erkennen. Zum Verhältnis von Politik und Afrika(er)forschung werde ich bei der Bewertung der politischen Dimension der ethnographischen Kartierung Deutsch-Ostafrikas in den Kapiteln 12 und 13 zurückkehren.

Die Gründung der Kolonie Deutsch-Ostafrika

In den frühen 1880er Jahren zeichnete sich ab, daß der sogenannte *Scramble for Africa*, der Wettlauf um die Absteckung von europäischen Territorien in Afrika sich seiner entscheidenden Phase näherte.[55] Bismarck, bekanntermaßen kein Befürworter eines kolonialen Engagements Deutschlands, erhielt innenpolitischen Druck durch die Gründung des „Deutschen Kolonialvereins" und der „Gesellschaft für deutsche Kolonisation". Letztere wurde explizit mit dem Ziel der Gründung einer Kolonie gegründet und schickte zu diesem Zwecke 1884 eine Expedition unter Leitung von Carl Peters nach Ostafrika. Nach Vertragsabschlüssen mit dort ansässigen Potentaten waren Peters und seine Begleiter im selben Jahr die nominellen Machthaber über große, küstennahe Gebiete. Entgegen seiner vorherigen Kolonialpolitik unterstützte Bismarck das private Unternehmen insoweit, als er Peters bzw. der „Gesellschaft für deutsche Kolonisation" 1885 die Eigentumsrechte und die Befugnis zur Rechtsprechung im Territorium zugestand und das Territorium unter kaiserlichen Schutz stellte, es zum deutschen Schutzgebiet deklarierte. Bismarck erkannte vermutlich, daß er aus innenpolitischen Gründen die „letzte Chance" auf riesige Rohstoffquellen und Absatzmärkte und neue Siedlungsräume nicht vertun durfte. 1887 wurden die Rechte an dem „erworbenen" Territorium der zu diesem Zweck neu gegründeten „Deutsch-Ostafrikanischen Gesellschaft" (DOAG) übertragen – ebenfalls ein von Carl Peters geleitetes privates Unternehmen. Im Laufe der nächsten Jahre kam es immer wieder zu Auseinandersetzungen mit den Sultanen Sansibars; in der arabischen und afrikanischen Bevölkerung regte sich Widerstand gegen die DOAG, die nicht nur befugt war, Handel zu treiben, sondern auch Zölle zu erheben und, eingeschränkt, Recht zu sprechen. Zudem erwies sich die Verwaltung der DOAG als wenig effizient, so daß die deutsche Interessensphäre in Ostafrika ohne aktive Hilfe des Staates gefährdet schien. Die deutsche Regierung mußte sich von ihrem Standpunkt verabschieden, die Kolonisierung privaten Handelsgesellschaften zu überlassen, da sie Deutsch-Ostafrika aus innen- und außenpolitischen Gründen nun nicht mehr aufgeben wollte. Innenpolitisch verhießen zum einen die Gewinnung neuer Rohstoffquellen und Absatzmärkte einen wirtschaftlichen Schub. Dies war zeitlich passend und nötig, da die große Depression noch nicht überwunden war. Zum anderen versprachen zumindest die klimatisch günstig gelegenen Gebiete Afrikas Siedlungsräume für Europäer, resp. für Deutsche, und damit eine Lösung der durch Bevölkerungswachstum und industrielle Revolution gegen Ende des 19. Jahrhunderts verschärften „sozialen Frage" – zumindest sollte dies die politische Botschaft an die deutsche Bevölkerung sein.[56] So übernahm am 1. Januar 1891 das Deutsche Reich die Rechte an dem ostafrikanischen Territorium der DOAG; diese fungierte forthin als reine Handelsgesellschaft (mit vielen Privilegien). Auch wenn die Bezeichnung „Schutzgebiet" beibehalten wurde, war Deutsch-Ostafrika somit offiziell eine deutsche Kolonie.

Das Territorium, das das Deutsche Reich für sich in Ostafrika beanspruchte, umfaßte etwa eine Million Quadratkilometer und war damit etwa doppelt so groß wie das Deutsche Reich selbst. Es reichte von der Küste des Indischen Ozeans über das ostafrikanische Hochplateau bis zu den großen Seen, die das Kongobecken begrenzen. Es entsprach relativ genau dem heutigen Staatsgebiet von Tansania (ohne Sansibar), Ruanda und Burundi. Das Territorium existierte aber zu diesem Zeitpunkt nur auf einigen europäischen Karten, in den Köpfen kolonialer Enthusiasten und in der Korrespondenz europäischer Außenminister. Die neuen nominellen Kolonialherren kontrollierten ihre Kolonie noch nicht, sie kannten sie noch nicht einmal. Es gab große Gebiete, die noch nie ein Deutscher (oder ein Europäer) betreten hatte. Und wo es bereits von der DOAG etablierte deutsche Stützpunkte gab, war ihr Wirkungskreis nicht groß (Koponen 1994: 87). Die Kolonie Deutsch-Ostafrika existierte noch nicht, sie mußte erst geschaffen werden. Neben dem Aufbau eines Netzwerkes administrativer und militärischer Stützpunkte spielte dabei die Kartierung des „neuen" Raumes sowie eine Flut von Reise- und Forschungsberichten eine entscheidende Rolle. In den 1880er und 90er Jahren setzte, einhergehend mit der Etablierung des Schutzgebietes Deutsch-Ostafrika 1885, eine Intensivierung der deutschen Reise- und Forschungstätigkeit ein. Die daraus resultierenden Berichte und Karten erschienen nicht selten als eigenständige Publikationen (vgl. Anm. 47), wesentlich öfter aber in den Zeitschriften *Petermann's Geographische Mittheilungen* und den ab 1888 erscheinenden *Mittheilungen von Forschungsreisenden und Gelehrten aus den deutschen Schutzgebieten*, dem wissenschaftlichen Ergänzungsblatt des offiziellen *Deutschen Kolonialblattes*.[57]

Mit der zeitlich einhergehenden Etablierung der Kolonie waren in beiden Zeitschriften neben den Berichten von Forschungsreisenden auch vermehrt Artikel von dort stationierten – und in der Regel wissenschaftlich nicht ausgebildeten – Kolonialbeamten und Militärangehörigen zu finden. Karten und erläuternde Textbeiträge zum Inhalt und zur Erstellung der Karten waren ein wichtiger Bestandteil der beiden Zeitschriften.

8 Allgemeine Aspekte der Kartierung Deutsch-Ostafrikas

Frühe Einzelinitiativen

Der kolonialkartographischen Erfassung, der planmäßigen Vermessung, Benennung und Fixierung des deutsch-ostafrikanischen Territoriums gingen Initiativen einzelner voran. Nach den portugiesischen Seefahrern um Vasco da Gama, die etwa 1500 die ostafrikanische Küste erreichten und kartierten, nicht aber ins Landesinnere vordrangen, waren britischen „Entdecker" die ersten, die Mitte des 19. Jahrhunderts Ostafrika bereisten und ihre Reiserouten kartierten. Bei der Erforschung des Inneren Afrikas spielten die großen Flüsse, insbesondere der Niger, der Kongo, der Sambesi und der Nil, eine entscheidende Rolle. Sicherlich gibt es mehr – und oftmals nicht rationale[58] – Gründe für die besondere Beachtung der Flüsse und die Suche nach ihren Quellen, zweifelsfrei waren die Flüsse aber vor allem wichtige Verkehrsadern in ansonsten schwer zugänglichen Teilen des Inneren Afrikas. So galt die Erforschung früher europäischer Reisender vorrangig auch diesen Flüssen. Mungo Parks Interesse galt bereits 1795 dem Niger. Die erste große Expedition David Livingstones folgte 1852-1855 dem Sambesi-Fluß. John Hanning Speke verfolgte zweimal – in den 1850er Jahren mit Richard F. Burton und in den 1860er Jahren mit James Augustus Grant – den Lauf des weißen Nils, erreichte die (vermeintlichen) Quellen am Victoriasee. Seine veröffentlichten Reiseberichte entfachten ein großes wissenschaftliches und populäres Interesse an Ostafrika.

Folgerichtig findet sich auch auf Karten dieser Zeit eine Präokkupation mit Wasserwegen, wie Roy Bridges (1994) anschaulich darstellt. Ansonsten sind Karten aus dieser Zeit, wie etwa die von Speke, Burton oder auch Livingstone, spärlich mit Informationen ausgestattet. Dies ist insofern erstaunlich, da alle drei ausführliche und systematische Beobachtungen während ihrer Reisen niedergeschrieben haben. Neben der Visualisierung der Reiserouten, die den Ausdruck einer „Ich bin hier zuerst gewesen"-Mentalität[59] nicht verleugnen kann, stand oftmals ein Wettstreit um die präzise Verortung einiger weniger markanter topographischer Merkmale, wie Flußläufe, Seen und Bergketten, im Vordergrund. Dies war in Westafrika mit den imaginären *Mountains of Kong* der Fall (Bassett & Porter 1991), im Osten mit der Ruwenzori-Bergkette – jahrhundertelang als *Mountains of the Moon* bekannt – und mit den großen Seen. Die Karten von Speke und Grant[60] und von Erhardt und Rebmann **(K1)** sind ein Zeugnis dieser Phase, beide thematisieren Position und Form des imaginären „Sees von Uniamesi"[61], dabei werden beide Hauptkarten durch „Vergleichende Skizzen" zur Lage des Sees unterstützt. Die Karte von Erhardt und Rebmann zeigt neben diesem Wettbewerb noch mehr: Neben den „geographischen Entdeckern" bereisten zu dieser Zeit bereits Missionare Ostafrika, und letztere lassen sich als die Autoren der Karten erkennen. Zum einen, und neu in der Kartierung Afrikas, wird der Versuch unternommen, die „Grenzen und Wohnsitze der verschiedenen Völker" auch relativ kleinteilig zu differenzieren und festzulegen. Eine wie auch immer definierte Unterteilung der Bevölkerung Afrikas hat es bereits auf wesentlich früheren Karten gegeben[62], aber eben nicht so kleinteilig, wie dies ansatzweise Erhardt und Rebmann versuchten. Ihr Grund ist verständlich: Den beiden Missionaren – unterwegs im Auftrag der britischen „Church Missionary Society of London" – ging es natürlich darum, in Ostafrika das Christentum zu verbreiten. Um aber die einheimische Bevölkerung effizient zu erreichen, mußten sie wissen, welche Gemeinschaften, sprich welche „Stämme" oder „Völker" es gibt, welche Sprachen sie sprechen und wo sie wohnen. Ein Anfang war mit dieser Karte getan. Zum anderen fällt auf, daß Karawanenrouten ein markantes Element sind und der Sklavenhandel in diversen Texteinträgen mehrfach thematisiert wird. Den Missionaren ging es auch darum, den Sklavenhandel zu unterbinden. Und die Förderung der europäischen Wirtschaft durch Kolonialhandel wurde von missionarischer Seite insofern unterstützt, als man mit der Erstarkung des „legalen Handels" den Sklavenhandel zu unterminieren glaubte.[63]

Die Rolle der „Lehnstuhl-Kartographen"

Auch wenn bis in die 1880er Jahre Karten wie die von Erhardt und Rebmann Einzelstücke darstellten, lassen sich an ihnen Aspekte der anschließenden planmäßigen Kartierung aufzeigen. So verweist der Titelzusatz „ .... von A. Petermann" darauf, daß die Kartographen im engeren Sinne in Deutschland saßen. Regelmäßig, besonders in den frühen Jahren, wurden geographische und ethnographische Berichte bei ihrer Publikation oftmals mit Anmerkungen von Fachleuten versehen, die nie in der betreffenden Region gewesen waren. Im Englischen gibt es für diese Personen den bildhaften Ausdruck der „armchair geographers" (u.a. Bridges 1994: 193f). Ich möchte diesen Ausdruck übernehmen und zu den „Lehnstuhl-Geographen" ausdrücklich die „Lehnstuhl-Kartographen" hinzufügen. Alle Skizzen und Karten, die in Ostafrika bzw. später Deutsch-Ostafrika angefertigt wurden, wurden anschließend in Deutschland überarbeitet und ergänzt, wenn nicht sogar ganz neu zusammengesetzt. Und nicht selten gab es nur schriftliche Reiseaufzeichnungen, die dann graphisch umgesetzt wurden. Die Anmerkung „Nach dem Tagebuch construirt von Dr. B. Hassenstein" auf der Reiseroutenkarte von Junker 1891 **(K2)** ist kein Einzelfall.

Der Begriff der „Lehnstuhl-Geographen" und „-Kartographen" war und ist mit einem gewissen ironischen Beiklang behaftet; er kann aber auch einfach als wertfreie Abgrenzung zu den Entdeckungs- und Forschungsreisenden interpretiert werden. Wie auch immer man dies werten möchte, die Publikation von Karten zu Deutsch-Ostafrika lag fest in der Hand von einigen wenigen in Deutschland ansässigen Kartographen. Vor allem waren dies August Petermann und sein Schüler Bruno Hassenstein im Dienste des Justus Perthes Verlages in Gotha sowie Heinrich Kiepert mit seinen Schülern Richard Kiepert, Max Moisel und Paul Sprigade für den Dietrich Reimer Verlag in Berlin. Diese Kartographen haben die Karten und damit die Vorstellung des (deutsch-)ostafrikanischen Raumes stark geprägt. Als Vater der modernen „Lehnstuhl-Kartographen" gilt der bedeutende französische Kartograph Jean-Baptiste Bourguignon d'Anville, der Mitte des 18. Jahrhunderts die Methode entwickelte, aus Reiseberichten, Logbüchern, älteren Karten einerseits und der Heranziehung antiker Autoren andererseits, unterstützt von einer kritischen Untersuchung antiker und moderner Längenmaße, Karten der Regionen antiker Hochkulturen zu konstruieren (Freitag 1999: 1f). Auf ihn geht auch die Aufgabe von Fabelungeheuern und anderem „Schmuckwerk", die in früheren Karten weiße Flecken bedeckten, zurück. Nach seinem Verständnis einer wissenschaftlichen Karte mußten Gebiete, für die keine Kenntnisse vorlagen, nun auch wirklich weiß bleiben. (Der psychologische Aspekt war dabei, daß die Informationen, die abgebildet waren, noch stärker als „wahr" angesehen wurden und die Karte eine größere Autorität gewann.)

Sowohl Kiepert als auch Petermann übernahmen die Technik, aus älteren und kontemporären Quellen neue Karten zu erstellen, sowie den kartographischen Ehrenkodex der „weißen Flecken". Die Aufgabe der „Lehnstuhl-Geographen" und „ -Kartographen" war es also, die nicht immer vollständigen und zum Teil divergierenden Informationen zu prüfen, zu ordnen und in einer kartographischen Form darzustellen, die wissenschaftlichen Ansprüchen entsprach. Dies geschah zum einen schriftlich; so ist beispielsweise Jakob Erhardts Erläuterungstext seiner Karte mit kritischen, ergänzenden und berichtigenden Bemerkungen von Petermann und dem damals sehr bekannten englischen *armchair geographer* William Desborough Cooley ergänzt. So bemerkte Petermann bezüglich der Karte von Erhardt und Rebmann:

Die Missionare haben selbst zu wiederholten Malen mit Nachdruck darauf verwiesen, daß sie nicht die Bildung und Kenntnisse besitzen, die man von einem wissenschaftlichen Entdeckungs-Reisenden erwarten darf; aber gerade deshalb ist es die Pflicht der Fach-Leute, ihre umfangreichen Nachrichten von einem wissenschaftlichen-geographischen Standpunkt aus zu prüfen und zu sichten, und so das gute Korn von der Spreu zu gewinnen. (Erhardt 1856: 26)

Und zum anderen ist auch Erhardts und Rebmanns (doppelt so große) Originalzeichnung von Petermann überarbeitet worden. Bei der „Überarbeitung" solcher Originalskizzen sollten zwei Aspekte unterschieden werden. Oftmals, vor allem in der späteren Kartierungsphase Deutsch-Ostafrikas, mußten viele rudimentäre Skizzen von Kolonialadministratoren oder Militärangehörigen, wie die im Anhang abgebildete (**K3**), entziffert, mit anderen verglichen und zusammengefügt werden. Hier war unzweifelhaft eine Selektion und Wertung der Informationen nötig, und der Begriff der „Überarbeitung" erklärt sich selbst. Anders bei Karten wie denen von Erhardt und Rebmann, die offensichtlich bereits relativ sorgfältig gezeichnet waren. Petermann betont, „daß die geographische Situation skrupulös beibehalten worden ist" und auch von ihm erkannte Fehler nicht berichtigt wurden, da – ganz im Geiste Bourguignon d'Anvilles – „man dergleichen Original-Material und -Arbeiten, so lange man nicht imstande ist, sie ganz und gar, sondern nur theilweise zu rectificiren, unverändert und unverfälscht hinstellen sollte".

Gleichzeitig konstatiert er aber, sozusagen im selben Atemzug und offensichtlich ohne den geringsten Widerspruch zu entdecken, daß die Originalzeichnung „nach den Regeln und dem Geschmack eines professionellen Kartographen" überarbeitet worden sei.[64] Diese Form der Überarbeitung ist weniger offensichtlich und gerade deshalb sehr effektiv. Sie macht aus einer Skizze, aus der provisorischen Darstellung weitgehend ungeprüfter Verhältnisse eine allem Anschein nach wissenschaftliche, professionell erstellte Karte, zumal wenn diese mit der „Unterschrift" eines bekannten Kartographen versehen ist.

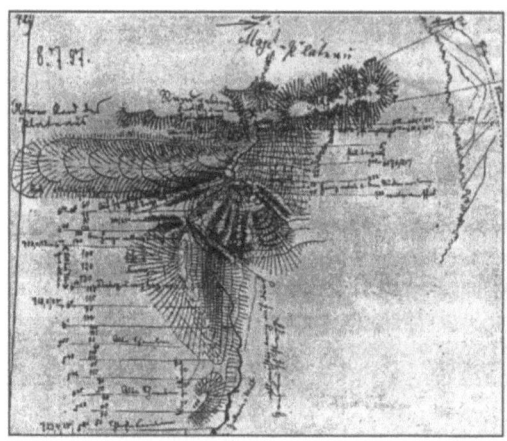

Abb. 2: Routenaufnahme von Prittwitz und Gaffrin, 1897 Quelle: Pillewizer 1941, 148.

Petermann ließ es sich auch nicht nehmen, in einer kleinen Zusatzkarte, „welche das Resultat unserer Prüfung klar veranschaulicht" (Erhardt 1856: 27), seine Vorstellung zur Lage und Größe des „Sees von Uniamesi" hinzuzufügen. Ein deutliches Zeichen, daß er seine Rolle als Geograph/Kartograph nicht als neutraler „Übersetzer" Erster-Hand-Informationen sah, sondern als aktiver Mitgestalter der „Bilder" der betreffenden Räume.

Die planmäßige Kartierung Deutsch-Ostafrikas

Ein Staat nun, der Kolonien erwirbt, übernimmt damit die Aufgabe, für deren Erschließung und Entwicklung Sorge zu tragen. Um diese Aufgabe zu erfüllen und eine Nutzbarmachung der Kolonien für das Mutterland herbeizuführen, ist vor allem eine genauere topographische Kenntnis des Landes, eine gute Karte, nötig. (Sprigade & Moisel 1914: 530)

In dem Moment, als Deutsch-Ostafrika offiziell etabliert wurde, begannen forcierte Anstrengungen, das neue „Schutzgebiet" kartographisch zu erfassen, zu unterteilen, zu strukturieren, zu „erkennen", aus einem kolonialen und kolonialistischen Blickwinkel heraus zu „begreifen". 1890 wurde im Auftrag des Reichskolonialamtes, einer ein Jahr zuvor neu geschaffenen Unterabteilung des Auswärtigen Amtes, mit der planmäßigen kartographischen Erfassung des Territoriums Deutsch-Ostafrika und anderer neu geschaffener deutscher „Schutzgebiete" wie Deutsch-Südwestafrika begonnen. Der Dietrich Reimer Verlag erhielt den Auftrag, mehrere flächendeckende Kartenwerke zu erstellen.[65] 1893 erschien im „Deutschen Kolonialatlas für den amtlichen Gebrauch in den Schutzgebieten" die erste offizielle Karte Deutsch-Ostafrikas (K4). Aufgrund der rasant anwachsenden Größe der Aufgabe der Kolonialkartographie wurde ein eigenes Kolonialkartographisches Institut gegründet und dem Dietrich Reimer Verlag angegliedert. Die Leitung übernahmen zunächst Richard Kiepert und ab 1899 Max Moisel und Paul Sprigade (Obst 1921: 102). Das kartographische Ziel für Deutsch-Ostafrika, die größte Kolonie Deutschlands, war das eines 29-blättrigen Kartenwerkes im Maßstab 1:300.000. Dieses ab 1893 in Angriff genommene Kartenwerk kann man als die Hauptaufgabe und das Hauptwerk der planmäßigen Kartierung Deutsch-Ostafrikas bezeichnen. Im kolonialkartographischen Institut begann man akribisch alle vorhandenen Quellen, d.h. vorhandenen Karten, Skizzen und Reiseberichte, zu sichten und zu vergleichen. Gleichzeitig wurde die zunächst kleine, aber rasch anwachsende Anzahl von Kolonialbediensteten vor Ort aufgefordert, so viel kartenrelevantes Material wie möglich zu sammeln und nach Berlin zu schicken, was dann auch geschah.[66]

Dabei ging es vor allem um im weiteren Sinne topographisches Material. Dies konnten Skizzen über Wegentfernungen und Marschzeiten sein oder auch naturräumliche Beobachtungen (wie die veränderliche Wassermenge von Flüssen usw.). Dies sollten aber vor allem Routenaufnahmen mittels Kompaß, Uhr, Siedethermometer (zur Höhenbestimmung) und astronomische Ortsbestimmungen sein. Wenn Wolfgang Pillewizer 1941 über den „Anteil der Geographie an der kartographischen Erschließung Deutsch-Ostafrikas" referiert, so sind Geographen für ihn in erster Linie Topographen. Der Geograph Oscar Baumann, der mehrere Reisen in Ostafrika unternahm, veröffentlichte 1894 eine Anleitung für „topographische Aufnahmen auf Reisen", die auch Unerfahrenen helfen sollte, solche Routenaufnahmen zu bewerkstelligen. Dies war nötig, da nur wenige der Informanten diesbezüglich ausgebildet waren. Die Ergebnisse sahen dann im günstigen Fall so aus wie die Skizze des Hauptmanns (und Geographen) von Prittwitz und Gaffron, auf der neben der Geländedarstellung die systematische Eintragung der Kompaßablesungen, Uhrzeiten und Temperaturmessungen zu finden sind (Abb. 1). Und im nicht so günstigen Fall konnte sie auch aussehen wie die des Leutnants

Rothert, in der, von den Marschzeiten abgesehen, keine erkennbaren Messungen eingetragen sind (**K3**). Eine flächendeckende Triangulation, wie sie beispielsweise in der britischen Kolonie Indien durchgeführt wurde,[67] wurde zwar für Deutsch-Ostafrika immer wieder gefordert, kam aber selbst in späteren Jahren nie zustande. Auch andere, in Europa damals gängige Meßverfahren wie Photogrammmetrie kamen nur selten zum Einsatz. Nur wenige Reisende leisteten sich den Luxus, aufwendiges Gepäck wie einen Meßtisch mit sich zu führen. Die Wegeaufnahme mit Uhr und Kompaß war, wenn auch nicht genau, doch schnell und billig und „die Kolonialbehörden brauchten eben baldigst Karten, auch wenn sie keinen zu hohen Grad der Genauigkeit aufwiesen", so Sprigade und Moisel in einer Rekapitulation der topographischen Aufnahmemethoden (1914: 531). Und da diese Form von Routenaufnahmen ja sozusagen nur „lineare" Informationen lieferten, wollte man wiederum so viele Aufzeichnungen wie möglich haben. Was das Zusammensetzen dieser Skizzen für die Kartenkonstrukteure an Aufwand bedeutete, kann man sich ausmalen. Von einem Kartenblatt (E6, „Mafia") in 1:300.000 wird berichtet, daß 52 verschiedene Routen verarbeitet werden mußten mit 348 Blatt an Rohkonstruktionen. „Diese Verarbeitung allein erforderte die Beschäftigung von nur einer Kraft mehr als 2½ Jahre und dazu kommen noch mehrere Monate, um die definitive Zeichnung der Sektion zu beenden"[68]. Dazu kam, daß es nur sehr wenig gut ausgebildetes kartographisches Personal gab. Das Kolonialkartographische Institut fing mit 3 Angestellten an und hatte mit 30 im Jahre 1914 immer noch zu wenig, gemessen an dem Arbeitsumfang (Obst 1921: 105).

Die Produktion von kolonialem Raum (Teil 2)

Was wurde nun, neben den topographischen Angaben, kartiert und für welche Nutzung waren die Karten bestimmt? Die Karten dienten der „Nutzbarmachung der Kolonien", wie Moisel und Sprigade in oben stehendem Zitat deutlich machen. Die *Kreuz Zeitung* (eine Tageszeitung mit besonderem Kolonialinteresse) faßte in einer Besprechung der großen „Karte von Deutsch-Ostafrika" zusammen:[69]

Sie sollte den Stand unserer gegenwärtigen Kenntnisse darstellen, eine klare Übersicht des Schutzgebietes zu Zwecken der Verwaltung schaffen, ferner den Offizieren an Ort und Stelle zu unmittelbaren Neuaufnahmen unbekannter, aber nicht genügend aufgenommener Strecken veranlassen.

„Die Nutzbarmachung der Kolonien", „zu Zwecken der Verwaltung": Es ging um einen kolonialistischen Blickwinkel, um die Produktion eines kolonialen Raumes. Dies läßt sich an der relativ frühen Karte „Äquatorial-Ostafrika" von Richard Kiepert aus dem im Jahr 1893 (**K4**) erschienenen ersten *Deutschen Kolonialatlas für den amtlichen Gebrauch in den Schutzgebieten* verdeutlichen. Allein die Betrachtung der Legende zeigt: Es ging um die Eingrenzung des deutschen Territoriums (damals noch offiziell in „Schutzgebiet" und „Interessensphäre" gegliedert), es ging um die strategische Positionierung von Militärposten und die Gliederung des Territoriums in administrative Bezirke. Es ging um die beiden wesentlichen Elemente jedes Kolonialraumes der damaligen Zeit, die Missionierung (hier in Form von Missionsstationen) und die infrastrukturelle Erschließung (hier in Form der „projectirten Eisenbahn"). Auch das wirtschaftsadministrative Element in Form der Zollämter fehlte nicht. Wohlgemerkt war dies für den größten Teil des abgebildeten Raumes 1893 eine Wunschprojektion; westlich des 37. Breitengrades befand sich außer Missionsstationen kein einziges der bezeichneten Elemente. Und, über eine Wunschprojektion hinaus, war es als Auftrag zu verstehen, die Kolonialisierung des Raumes voranzutreiben.

Ein anderer Aspekt, den ich in Teil A angesprochen habe, die koloniale Benennung von Orten, scheint nach dieser Karte für Deutsch-Ostafrika keine Rolle zu spielen. (Die Seen „Victoria Njansa" und „Albert Edward Njansa" sind Namensgebungen von britischer Seite.) Der Eindruck täuscht aber, da sich auf späteren Karten eine Reihe von Beispielen finden läßt, wie die Bezirkshauptorte Wilhelmsthal und Bismarckburg oder die Provinz Neu-Langenburg. Wenn auch die koloniale Namensgebung nach meinem Eindruck in ihrer Quantität mehr eine britische Form der imperialistisch-kolonialistischen Raumaneignung als eine deutsche ist, so war sie doch auch in Deutsch-Ostafrika präsent. Auf einen Aspekt möchte ich dabei besonders hinweisen: Bei der Betrachtung des großmaßstäblicheren, 29-blättrigen Kartenwerkes läßt sich ein direkter Bezug von der Größe von benannten Landschaftsteilen zum Ansehen der Namensgebenden erkennen. Der „Emin-Pascha-Golf" ist deutlich größer als der „Baumann-Golf" und dieser größer als die „Dr.-Fischer-Bucht" (**K5**). Es ist der Ansatz einer Hierarchisierung der Landschaft, die aber nur aus einem deutsch-kolonialen Bewußtsein heraus verständlich wird. Namen von Siedlungen wurden meines Wissens grundsätzlich nicht in dieser Form neu benannt, dort war man bemüht, die „ortsüblichen" Namen zu verwenden, mit der Schwierigkeit, daß verschiedene Informanten mitunter verschiedene Namen angaben (Sprigade & Moisel 1914: 540). Auf die Raumaneignung durch Benennung werde ich in Kap. 13 noch einmal zurückkommen.

GEOGRAPHISCHE VERLAGSHANDLUNG DIETRICH REIMER, BERLIN.
HOEFER & VOHSEN.

1897.4   1895.192

Karte von Deutsch-Ostafrika
in
29 Blatt und 8—10 Ansatzstücken im Maassstabe von 1 : 300 000.
Konstruirt und gezeichnet unter Leitung von
Dr. Richard Kiepert
Im Auftrage und mit Unterstützung der Kolonial-Abtheilung
des Auswärtigen Amts.
Herausgegeben durch die
Verlagshandlung DIETRICH REIMER (Hoefer & Vohsen).

Begleitworte zu Blatt B 3, Mwánsa.

Ueber die Ansetzung von Nyangési nach Kapitän Spring, über die Einzeichnung der Stuhlmann'schen Route Tabóra-Bussíssi (bezw. Bukúmbi), über die dabei benutzten Breiten, von denen nur Ssamúye-kwa-Massáli auf unser Blatt fällt, und über das Anpassen der Schynse'schen Route Ngulu-Kisuke Hügel-Massáli's Kitala Dach vergl. den Anfang der Begleitworte zu C 3. Die anderen kleinen Abweichungen der Wege Stuhlmann's und Schynse's von einander bedürfen keiner Erläuterung weiter. Mwánsa, dessen Breite Baumann zu — 2° 32,2' bestimmte, wurde in der Länge nach Stuhlmann's Aufnahmen angesetzt, zu denen die Baumann'sche Peilung Mwánsa-Nyangési, wie sie sich auch seiner Karte ergiebt, gut stimmt; seine so ermittelte Länge ist 32° 51,5' E. Gr.

Fast der ganze Südarm des Victoria Nyansa ist nach Stuhlmann's Aufnahmen gezeichnet, nur der nördliche Theil des Westufers nach Schynse. In der Nomenclatur desselben herrschte bisher eine gewisse Verwirrung. Ein umfassender einheimischer Name scheint nicht vorhanden zu sein; die von Stuhlmann angegebenen Ndófuë und Telafóma beziehen sich, wie es scheint, nur auf einzelne Theile der Wasserfläche. Der von Speke 1858 dem Magóko-Flusse beigelegte Name »Jordans Nullah« ist dann irrthümlich von Shergold Smith (s. dessen Map of the southeast portion of Victoria Nyanza in Church Missionary Intelligencer, Sept. 1878) auf die Gesammtbucht übertragen worden, und Baumann-Hassenstein's Taf. 4 behält ihn für den östlichen Arm derselben bei (ebenso Church Missionary Intelligencer 1884. S. 50), während das indische Wort Nullah doch nur ein zeitweise trockenes Wadi, nie einen Seearm bezeichnet. Der westliche Arm, der zuerst 1877 von Lieut. Shergold Smith erforscht wurde, ist dann später deswegen von den englischen Missionaren Smith- (nicht Smyth) Sund getauft worden. (Church

Abb. 3: Erste Seite des Begleittextes zum Kartenblatt B3 (erste Version, 1895) der „Karte von Deutsch-Ostafrika"

Kolonial sind die Karten auch in der Hinsicht, daß der europäische Blick auf das Land immer wieder deutlich zum Vorschein kommt. Wenn etwa Junker (als Informant)/Hassenstein (als Kartograph) **(K3)** ein „schönes Thal" oder von Prittwitz und Gaffron/Kiepert **(K5)** „schöne Akazien und Platanen" markieren, folgen sie damit einer europäischen Ästhetik. Wenn im Kartenblatt „Mwánsa" ein Wegabschnitt mit „abwechselnd zäher Schlamm und fußtief überschwemmtes Buschland" beschrieben wird, ist dies die Perspektive des Reisenden. Wenn Junker/Hassenstein einen Ort der Salzgewinnung hervorheben, ist dies natürlich zum einen erst einmal eine Feststellung, daß Afrikaner dort Salz gewinnen, aber gleichzeitig ist es der Verweis auf eine koloniale Möglichkeit der Ressourcenausbeutung. Und wenn Kiepert **(K5)** von „weniger gutem Boden" schreibt, denkt er nicht zuletzt an koloniale Landwirtschaft. Wenige Beispiele müssen hier ebenso genügen wie die kurze Besprechung eines weiteren sehr charakteristischen und interessanten Merkmals von Karten Deutsch-Ostafrikas und anderer deutscher Kolonien. Bis ca. 1910 sind viele Karten deutlich als kartographische Reisetagebücher zu lesen. In Reinform waren dies Reiserouten-Karten wie die von Junker/Hassenstein. Man erkennt sie schon an ihrem ungewöhnlichen Format und an der extremen graphischen Informationsbündelung um eine Achse. Auch inhaltlich sind sie im wahren Sinne des Wortes Tagebücher mit Eintragungen des jeweiligen Tagesdatums und persönlichen Vermerken zum Verlauf der Reise („Böser Fall vom Esel"). Solche persönlichen Informationen finden sich auf den Kiepert'schen Karten im Auftrag des Reichskolonialamtes nicht mehr. Doch auch hier sind viele Reiserouten mit Namen und Jahreszahl eingetragen. Man kann sagen, daß diese Karten ihre Quellenangaben sozusagen mit sich führen, sie textlich und bildlich offenbaren. Im Fall der großen „Karte von Deutsch-Ostafrika" gibt es zu jedem Kartenblatt ein 10 bis 20-seitiges Textheft mit der ausführlichen Auflistung und meist auch der Besprechung aller benutzten Quellen (Abb. 2).

Dies ist aus kartenhistorischer Sicht ein interessantes Phänomen, dem meiner Ansicht nach in der wissenschaftlichen Betrachtung noch zu wenig Beachtung geschenkt wurde. In Reiserouten-Karten wie denen von Junker/Hassenstein steckt eine irritierende Diskrepanz zwischen einer persönlichen Geschichte (mit einer zeitlichen Dimension), die die Karte erzählt, und dem Erscheinungsbild der Karte, das professionellen kartographischen Anforderungen entspricht und damit den Inhalt „verwissenschaftlicht" und fixiert. Was bedeutet der ausführliche Quellennachweis für den Charakter der Karte? Auch hier entsteht ein interessantes Spannungsverhältnis. Einerseits wird Genauigkeit, Sorgfältigkeit und auch Wissenschaftlichkeit betont oder suggeriert, andererseits wird – was in der Kartographiegeschichte sehr selten ist – die Konstruktion der Karte mit vielen Entscheidungsmomenten und Unsicherheiten von den Konstrukteuren selber diskutiert. In einem gewissen und eingeschränkten Sinne dekonstruieren die Kartographen damit ihre Karten wieder selbst.[70]

Bezüglich der nun folgenden Diskussion der ethnographischen Kartierung Deutsch-Ostafrikas ist es wichtig, folgendes festzuhalten: Die Kartierung (Deutsch-)Ostafrikas setzte Mitte des 19. Jahrhunderts in sporadischer und ca. 1890 in planvoller Art ein. Nach dem nominellen „Erwerb" des „Schutzgebietes" Deutsch-Ostafrika war das Bestreben sehr groß, das gesamte Territorium möglichst rasch kartographisch zu erfassen. In erster Linie waren hiermit topographische Routenaufnahmen und deren kartographische Übersetzung gemeint, wie alle Nachbetrachtungen der Kartierung Deutsch-Ostafrika bezeugen (Obst 1921; Pillewizer 1941; Sprigade & Moisel 1914). Aus dieser Sicht war die ethnographische Kartierung kein primäres Anliegen, mehr ein Nebenprodukt. Aber nebensächlich im Sinne von unwichtig war sie nie. Auf nahezu allen Karten finden sich Hinweise auf ethnische Raumstrukturen, sei es in Form von „Stammes"-Namen, der Nennung der jeweiligen „Bevölkerung" oder durch die „Grenzen einheimischer Reiche und Stämme", oder sei es in Form von „Ländern" und „Landschaften" (mit konkreten Grenzen oder ohne sie) denen oftmals eine „Bevölkerung" zugeordnet wird. Mit anderen Worten: ethnographische Kartierung ist auf nahezu allen Karten in der einen oder anderen Form präsent. Im folgenden möchte ich nun klären: Durch wen und in welcher Form wurden die ethnographischen Informationen gesammelt, die dann in den Karten erschienen? Aus welchen persönlichen, wissenschaftlichen und kolonialpolitischen Gründen erfolgte die ethnographische Kartierung Deutsch-Ostafrikas? Ich beginne mit der Frage, nach welchen wissenschaftlichen Kriterien und Klassifikationskonzepten die ethnographische Kartierung Deutsch-Ostafrikas stattfand.

9 Konzepte ethnographischer Kartierung in den Karten Deutsch-Ostafrikas

Friedrich Ratzel, der bedeutende Geograph und Begründer der „Anthropogeographie", hat sich ausführlich und differenzierter als die meisten Kollegen seiner Zeit Ende des 19. Jahrhunderts mit ethnographischer Kartierung beschäftigt.[71]

„Die Nebeneinanderordnung der Völker in ihren natürlichen Gruppen und die Abgrenzung derselben bilden die Aufgabe des Zeichners ethnographischer Karten."

„Wenn ich den Begriff ‚Ethnographische Karte' überdenke, so tritt mir eine Summe von Aufgaben entgegen, vor deren Lösung sich wie ein Wall das große Problem der Klassifikation der Menschheit legt." (Ratzel 1912 [1891], 491 und 474)

Ratzel war das Problem der relativen Willkürlichkeit von Klassifikationen, ganz besonders von Völkern und ihrer exakten Verortung und gegenseitigen Abgrenzung, bewußt: „Nur ein einziger geographischer Begriff von ähnlicher Wichtigkeit ist mir bekannt, dessen graphische Fixierung ähnlich schwer gelungen ist; es sind die Meeresströmungen" (Ratzel 1912 [1891], 492). Gerade wegen der genannten Wichtigkeit begrüßte er aber die „Anwendung eines künstlichen Systems auf Völkerklassifikation", die für ihn „in dem Sinne eines Experiments [als] erlaubt gelten und förderlich sein" könne (*ibid.*, 490). Nach welchen Kriterien aber wurde ethnisch differenziert und klassifiziert?

Rassen, Stämme und Sprachfamilien

Die wichtigsten Kriterien der ethnischen Klassifizierung im 19. Jahrhundert und frühen 20. Jahrhundert waren einerseits somatische und andererseits linguistische. An *Berghaus' physikalischem Hand-Atlas* von Heinrich Berghaus läßt sich die historische Situation gut veranschaulichen. Wenn auch Berghaus ein über seine Zeit hinaus bedeutungsvoller Kartograph war – ohne ordentliche kartographische Ausbildung![72] – und die Erstauflage des Atlasses 1838 bis 1848 (in getrennten Bänden) ihrer Zeit etwas voraus war, so war der Atlas doch charakteristisch für eine wissenschaftliche Entwicklung in der zweiten Hälfte des 19. Jahrhunderts. Der Atlas ist thematisch in acht „Abtheilungen" gegliedert und dokumentiert auf 93 Karten „die hauptsächlichsten Erscheinungen der anorganischen und organischen Natur nach ihrer geographischen Verbreitung und Vertheilung"[73]. Während die ersten sechs naturwissenschaftlich orientiert sind, gibt es in den Abteilungen 7 und 8 Karten zu „Anthropographie" und „Ethnographie". Diese Art der thematischen Unterteilung war neu; in der Tat war Berghaus' Atlas der erste thematische Weltatlas überhaupt. Er wurde geschaffen in einer Zeit, als die Wissenschaft dabei war bzw. anfing, sich immer mehr aufzugliedern und zu spezialisieren. Dies galt für die Wissenschaft ganz allgemein, dies galt auch im besonderen für die Geographie, die darum kämpfte, sich als anerkannte Wissenschaft zu etablieren. Berghaus, der sich als Kartograph *und* Geograph verstand, tat mit diesem – wunderschön gefertigten – thematischen Atlas einen Schritt in diese Richtung. Der Ansatz von Berghaus' anthropo- graphischen und ethnographischen Karten entspricht völlig den damaligen Klassifikationsprinzipien. Obwohl er als Nebenkarten Aspekte der Religion und der Bekleidung einbezieht, ist seine Anthropographie, gemäß der Rassenlehre der Zeit, im wesentlichen eine biologische. Und nicht zufällig sind die anthropographischen Karten, sprich die Rassen-Karten, den ethnographischen vorangestellt. Wenn Ratzel 1891 überzeugt war, daß „ihre Darstellung [der körperlichen Unterschiede, T.R.] zuletzt immer wieder einer allgemeinen ethnographischen Karte vorangehen oder zugrunde gelegt werden muß" (Ratzel 1912 [1891], 478), so galt dies 1850 genauso. Berghaus' Karte der „Geographischen Verbreitung der Menschenrassen" ist begleitet durch Tabellen (in denen beispielsweise die „Kraft des Menschen" nach Rassen differenziert dargestellt ist) und durch einen Kranz von gemalten, vermeintlich rassisch charakteristischen Köpfen, „um die Hautfarbe und den Gesichtsschnitt, wie auch die Schädelbildung der verschiedenen Rassen lebhaft zu vergegenwärtigen" (Berghaus 1852b, 1). Diese „Veranschaulichung" war jahrzehntelang ein beliebtes Element ethnographischer Kartierung von Afrika, wie die Karten „Die Völker Ost-Afrikas" von 1858 (**K7**) und „Afrika ethnographisch" von 1911 (**K8**) belegen. Letzteres stammt aus einem Atlas mit dem vielsagenden Titel *Schneiders Typen-Atlas: Naturwissenschaftlich-geographischer Bilder-Atlas für Schule und Haus*. Eine ethnographische Karte in einem „naturwissenschaftlich-geographischen" Atlas war nach wie vor kein Widerspruch.[74]

Für seine ethnographischen Karten unterschied Berghaus, und auch das ist typisch für die kommenden Jahrzehnte, zwischen linguistisch definierten „Völkern", welche er als Unterabteilungen der Rassen ansah. In seinen *Grundlinien der Ethnographie* schreibt er:[75]

> „Eine jede dieser fünf Abtheilungen des Menschengeschlechts besteht aber aus einer bald größeren, bald kleineren Anzahl von Völkern, d.h. einer Summe von Menschen, die durch gemeinsame Sprache miteinander verbunden sind. Die Sprache ist das Haupt-Erkennungs- und Unterscheidungs-Merkmal der Nationen."

Daß er mit dieser Meinung keinesfalls allein stand, daß diese vielmehr wissenschaftlicher Konsens war, zeigt seine „Ethnographische Karte von Afrika" (**K9**). Im Begleittext macht er deutlich, daß er „die Klassification der afrikanischen Völker nach Familien und Sprachstämmen ... in den allermeisten Fällen als ein Gegebenes voraussetzen" muß – und dabei eine ganze Reihe von

Publikationen zitiert – und sich lediglich mit deren geographischer Verbreitung beschäftigen will (Berghaus 1852a, 42). Allerdings zeigt der Begleittext, daß somatische, sprich rassische und linguistische, sowie auch historisch-mythologische Kriterien bei der „Völker"-Klassifizierung mehr oder minder diffus verbunden werden, so daß man seine „Völker" nicht mit „Sprachfamilien" gleichsetzen darf. Diese Vermischung setzte sich in den nächsten Jahrzehnten unverändert fort, wie in den kommenden Kartenbeispielen deutlich wird. Auch auf einer anderen, der begrifflichen Ebene läßt sich im letzten Zitat eine „Verwirrung" erkennen, die sehr charakteristisch ist und sich auch durch alle Texte der Kolonialzeit hindurchzieht. Zu den genannten „Völkern" und „Nationen" kommen noch „Stämme", „Reiche", „Menschen-Klassen", „Sub-Rassen" und andere Begriffe hinzu, welche mitunter innerhalb eines Textes scheinbar wahllos gemischt werden – ein Beweis für das fast völlige Fehlen eines tragenden Definitionsansatzes für indigene Vergemeinschaftungen nicht nur, aber besonders in Afrika und anderen außereuropäischen Gebieten.

Die im frühen 19. Jahrhundert entwickelten Völkertafeln, wie die „Ethnographische Karte von Afrika", fanden so oder in abgeänderter Form in der Kartierung Deutsch-Ostafrikas ihre Anwendung. Für eine kleinteiligere Differenzierung wurden wiederum primär linguistische Kriterien genutzt. Linguistische Forschung zu Ostafrika wurde im 19. Jahrhundert in relativ großem Umfang betrieben, empirisch genährt vor allem durch die Aufzeichnungen vieler Missionare, die ja darauf angewiesen waren, das Christentum auch sprachlich zu vermitteln. In der Regel wurden in diesen Aufzeichnungen neben linguistischen auch somatische Kriterien, also Körperbau, Haarbeschaffenheit usw., beschrieben. Auch der bekannte Völkerkundler Karl Weule unternahm auf seiner speziell zum Zweck der ethnographischen Forschung unternommenen Reise 1907 anthropologische Studien und bediente sich dazu „einer Farbentafel ... zur Bestimmung der Hautfarbnuancen, eines Satzes buntfarbiger Zephyrwollen und eines Collinschen Kraftmessers" (Weule 1908: 3).

Sowohl die „Ethnographische Skizze von Deutsch-Ostafrika" aus *Langhans' Deutschem Kolonial-Atlas* (K10) als auch die „Ethnographische Übersicht der Völker des äquatorialen Ost-Afrikas" von Franz Stuhlmann (K11) sind gute Beispiele dafür, wie linguistische Kriterien mit einer Rassenklassifikation verquickt wurden. Die verwendeten Begriffe wie „Hamiten", „Bantu" und „Niloten" galten in dieser Zeit sowohl als Sprachfamilien wie auch als Rassen bzw. Rassen-„Unterabteilungen" und als ökonomisch und politisch definierte Gruppen.[76] Diese höchst diffuse Vermischung wird selbst bei

Ratzel deutlich, dem man nicht vorwerfen kann, sich nicht intensiv mit anthropogeographischen Ordnungsmodellen beschäftigt zu haben: „Man wird der Bantu-„Rasse", welche sich schon im Namen als Sprachgruppe ankündigt, nicht neben der dunkelhäutigen, wollhaarigen Rasse, wohl aber unter derselben als Unterabteilung ihre Stelle weisen" (Ratzel 1912 [1891], 477). Die „Ethnographische Skizze von Deutsch-Ostafrika" kombiniert beide Bedeutungsebenen sogar noch ganz explizit. Hatte man also Sprecher einer Sprache bzw. Sprachgruppe und/oder Träger bestimmter Physiognomien lokalisiert – und beides war ja, verglichen mit anderen ethnischen Kriterien, verhältnismäßig leicht – konnte man Rassen und, je nach Maßstab und „Genauigkeit" der Karte, auch Stämme verorten. Und Stämme, dies schien allgemein bekannt und akzeptiert, waren die Kernstruktur aller im weiteren Sinne ethnischen Gemeinschaften. Sie waren sozusagen die Unterabteilungen der Sprachgruppen und Unterunterabteilungen der Rassen.

Die Verortung afrikanischer Kulturen

Beide Karten sind in diesem beschriebenen Punkt beispielhaft für die ethnographische Kartierung Deutsch-Ostafrikas. Gleichzeitig bilden sie aber auch eine Ausnahme, da in ihnen der Versuch unternommen wird, zusätzlich zu den Rassen/Sprachfamilien die Verbreitung kulturspezifischer Objekte, wie einer bestimmten Behausungsform (der Tembebauten), und die Verortung kultureller Bräuche (wie der Beschneidung) zu visualisieren. Auch wenn die Aussagekraft dieser Karte gering ist, da die Auswahl und Zusammensetzung der ethnographischen Elemente willkürlich erscheint, wurde hier der seltene Versuch unternommen, mehrere – in der „Ethnographischen Skizze" zwei, in der „Ethnographischen Übersicht" immerhin zwölf – Kriterien von Ethnizität innerhalb einer Karte zu visualisieren. Damit kommen sie dem heutigen Verständnis ethnographischer Karten wesentlich näher als die große Mehrheit der Karten Deutsch-Ostafrikas. Durch die mit Pfeilen angedeuteten Wanderungsbewegungen wird der Karte sogar eine zeitlich-dynamische Dimension verliehen. Während es in der „Ethnographischen Skizze" mehr der „gute ethnographische Wille" ist, da die Pfeile mehr verwirren als erläutern (und auch nicht weiter erläutert werden), sind die dargestellten Wanderungen und „Völkerverschiebungen" auf Stuhlmanns Karte durchaus kartographisch sinnvoll.[77] Franz Stuhlmann war es auch, der, ähnlich wie Ratzel, vehement gegen die ethnographische Alleinherrschaft der Sprache argumentierte:

> „Um Völkerstämme zu gruppiren, dürfen wir nicht allein auf die Sprache Rücksicht nehmen ... Sprachen werden von Völkern an- und abgelegt, wie man ein Kleid wechselt; so lange man das nicht einsieht und so lange man linguistische Principien in der Völkerkunde walten läßt, so lange kommt man aus dem Wirrwarr nicht heraus. Gruppirungen von Sprachen müssen unabhängig vorgenommen werden und kommen für uns erst in letzter Linie in Betracht. Wir müssen körperliche Eigenschaften, ethnographische Daten und die Traditionen der Völker hauptsächlich in Rechnung ziehen." (Stuhlmann 1894b, 847)

Und so ist es keineswegs zufällig, daß die vermutlich differenzierteste ethnographische Karte von ihm, einem ethnographischen und kartographischen Amateur, stammt. Ich werde auf die Person Stuhlmanns im weiteren noch mehrfach zurückkommen.

Die beiden Beispiele zeugen davon, daß neben den rassisch-linguistischen Kriterien durchaus kulturelle Merkmale für eine Beschreibung der „Völker" Afrikas herangezogen wurden. Ihren Höhepunkt fand diese Beachtung kultureller Kriterien 1922 in der Herausgabe des *Atlas Africanus* durch Leo Frobenius, die damals bekannteste Figur der deutschen Völkerkunde, und seinen sogenannten kulturmorphologischen Ansatz. Frobenius wollte mit diesem bemerkenswerten Werk, das fünfundzwanzigjähriger Vorarbeit bedurfte, nicht weniger als ein Gesamtbild des Wesens afrikanischer Kulturen schaffen. Seinem Ansatz entsprechend, nach dem alle Kulturelemente in ständiger Veränderung und Wechselwirkung sind („der Erkenntnis der ewigen Bewegung der Kultur" [Frobenius 1922: 15]), nannte er seine Karten kinematographisch. Auf 45 solcher Karten zeigte er „Architektur neben Sozialbau, Technik neben Sprache und Religion neben Wirtschaft" (*ibid.*, 28). Wert legte er darauf, daß ein „Thatsachenbereich aufgedeckt wird, der zur metaphysischen Weltanschauung zwingt" (*ibid.*, 28). Die Karten behandeln dementsprechend sowohl Artefakte (und ihre Verwendung und Verbreitung) als auch sozio-kulturelle Themen. Einige Titel lauten „Werden und Wesen der Lanze" **(K12)**, „Gebläsebildungen", „Der König ist ein Gott" (mit Informationen zu besonderen Verhaltensweisen bezüglich des Königs, wie ritueller Königsmord) und „Blick und Blut" (mit Verbreitung des „Bösen Blickes" und „Blutsbrüderschaft" und „Kannibalismus"). Einen inhaltlichen Schwerpunkt bilden die Gestalt und Verbreitung von Pfeil und Bogen, ein Thema, dem zu der Zeit viel Beachtung geschenkt wurde.[78] Obwohl jedem Kartenblatt ein ausführliches separates Textblatt beigelegt war, legte Frobenius Wert darauf, die „Thatsachen" für sich sprechen zu lassen und allein durch das kartographische Zusammenführen der Kulturaspekte die Seele der Kultur(en), das Paideuma, offenzulegen. Der *Atlas Africanus* ist das markanteste Beispiel für das Bestreben, sich ethnischer Identität im heutigen Verständnis auch kartographisch zu nähern, ein Bestreben, das in der Kolonialzeit zwar schwach ausgeprägt, aber immerhin größer war als Mitte des 19. Jahrhunderts. So gibt es auch eine wichtige Unterscheidung zwischen den beiden „Typenkarten" von 1858 und 1911 (**K7**; **K8**): Letztere weist, wenn auch sehr klein und gewissermaßen nur symbolisch, aber nichtsdestotrotz doch vertreten, die Zeichnungen von „Industrie-Produkten" vier verschiedener „Stämme" oder „Völker" auf.

Letztendlich war aber insgesamt eine solche „kulturmorphologische" Kartierung selten, und wenn es sie gab, dann beschränkte sie sich auf die Darstellung und grobe Verortung von Artefakten, so daß sich der *Atlas Africanus* letztlich doch eher als untypisches Werk darstellt. Zudem erschien er, wie erwähnt, 1922, also bereits nach dem ersten Weltkrieg und dem darauffolgenden Ende der deutschen Kolonialphase. Zu Deutsch-Ostafrika gibt es meines Wissens keine Karte, die differenzierter und ausführlicher kulturelle Phänomene verortet als die von Stuhlmann (**K11**), eine Karte, die bereits 1894 entstand und die bei der Auswahl ihrer dargestellten „kulturellen Informationen" keine Systematik erkennen läßt.

Häuptlingssitze, Länder und Landschaften

Wenn dies also kein prägendes Muster war, die Bevölkerung Deutsch-Ostafrika räumlich zu differenzieren, also ethnographisch zu verorten, welche Muster waren es dann? Auf welchem anderen Wege konnte eine räumliche Segmentierung geschaffen werden, die auch ethnische Kategorien berücksichtigte? Und wie konnte auch kleinräumig gegliedert werden, denn naturgemäß war die Gliederung der Bevölkerung nach Rassen und Sprachfamilien relativ grob.

Eine Alternative boten zum einen „Reiche", wie sie im Kartenbeispiel „Aequatorial-Ostafrika" aus dem Kiepert'schen *Deutschen Kolonial-Atlas* (**K4**) verwendet werden. Die Legende weist die blauen Linien auf der Karte als „Grenzen einheimischer Reiche und Stämme" aus. Die europäische Konstruktion des Begriffes „Reich" trägt damals wie heute die Konnotationen „Monarchie", „Volk" und „Territorium". So legitimiert die kartographische Verwendung des Begriffes „Reich" die gezogenen Grenzen und assoziiert diese, durch die gemeinsame Nennung, mit „Stämmen". Politische Ordnungen dieser Art sind nach heutigem Verständnis keine ethnischen Kategorien. Doch war das damalige „Stammes"-Konzept das einer durch Abstammung und gemeinsame Sprache und Kultur verbundenen Bevölkerungsgruppe, die auf einem bestimmten Territorium lebt und von einem Häuptling regiert wird (Lentz 1997: 151; s.a. S. 37 der vorliegenden Arbeit). So findet sich neben den erwähnten „Reichen" sehr oft die Benennung und Positionierung von „Wohnsitzen" und „Gebieten" der jeweiligen Häuptlinge.

Ein anderes und unzweifelhaft das wichtigste (im Sinne von am häufigsten verwendete) ethnographische Raumordnungsprinzip innerhalb der Kartierung Deutsch-Ostafrikas war das Prinzip der „Länder" und „Landschaften". Der Begriff der „Landschaft", im späten Mittelalter eher im sozio-politischen Sinne als Abgrenzung und in Opposition zur Stadt verwendet, etablierte sich in Deutschland seit dem 15. Jahrhundert dann im Sinne eines Ausschnittes aus dem physischen Raum im Sprachgebrauch.[79] Als sich die Geographie schließlich im frühen 19. Jahrhundert als akzeptierte wissenschaftliche Disziplin zu etablieren suchte, definierte sie „natürliche" Raumeinheiten als ihren Forschungsgegenstand. Folgerichtig hat sich im Laufe des 19. Jahrhunderts die „Länderkunde" als zentrales Thema der Geographie etabliert. Seit Carl Ritter, dem geistigen Vater der Länderkunde, sah man Länder als „Individuen" an, die durch ihre Geschichte geprägt und damit auch eigenständig und relativ klar räumlich definierbar waren:[80]

Die Länderkunde betrachtet und würdigt das geographische Objekt idiographisch, d.h. als Einmaliges in Raum und Zeit. Das in solcher Art individuell, als einzelne Gestalt begriffene geographische Objekt bezeichnen wir als „Land". Was einen Teilraum der Erdoberfläche zu einem Land in diesem Sinne macht, sind insbesondere seine spezifische Lage und seine besondere geschichtliche Situation.

Der Begriff der „Landschaft" war ähnlich, wenn auch meist gegenüber „Land" nicht so sehr vom romantisch geprägten Historismus geformt. Er leitete aus der Betrachtung und Bewertung der Physiognomie des betreffenden Raumes den „Totalcharakter einer Erdgegend" ab, wie Alexander von Humboldt es formulierte (Leser 1980: 38). „Landschaft" und „Land" wurden jedoch auch oftmals mehr oder weniger synonym verwendet, dann meist mit der Unterscheidung, daß mehrere „Landschaften" sich als kleine Einheiten zu einer größeren Einheit „Land" zusammenfassen ließen. Beiden Begriffen war gemein – und das ist hier wichtig – , daß beide inhaltlich für organische Einheiten standen, die verortet und begrenzt werden konnten. Und sie waren keine fachgeographischen Termini, sondern fest im allgemeinen Sprachgebrauch verankert und bedurften keiner Erklärung. Bei der Beschäftigung mit Land und Landschaft ging es nicht nur um physisch-geographische Aspekte, ebenso ging es um die im Raum lebenden Menschen, genauer gesagt um das Verhältnis von Mensch und Raum und um die gegenseitige Beeinflussung von Raum und Mensch. Das dominante Herder'sche „Völker"-Konzept ging von natürlichen, klar definierten und stabilen Gemeinschaften aus, die ebenso klar umrissene und im Idealfall natürliche Territorien bewohnen.

Die Karte „Aequatorial-Ostafrika" (**K4**) und das Kartenblatt „Mwánsa" aus der großen „Karte von Deutsch-Ostafrika" (**K5**) sind gute Beispiele für die kartographische Umsetzung dieser Begriffsinhalte. In der Legende zu „Aequatorial-Ostafrika" finden sich durch Schriftvarietäten (kursiv, als Versalien usw.) differenzierte „Stammes-", „Landschafts-" und „Ländernamen". Die Karte „Mwánsa" weist keine Legende auf. Da aber beide Karten unter der Leitung von Richard Kiepert angefertigt wurden und vergleichbare Karteninhalte innerhalb einer Karte jeweils einer Schriftvarietät zugeordnet sind, kann davon ausgegangen werden, daß das Prinzip der Landschafts- und Ländernamen wie in der Karte „Aequatorial-Ostafrika" angewandt wird. Beide Karten verwenden „Land" und „Landschaft" in dem Sinne, daß Landschaften kleinräumiger und Länder großräumiger sind. „Aequatorial-Ostafrika" verwendet noch zusätzlich innerhalb der Benennungen verschiedene Schriftgrade, so daß mehrere Raumebenen entstehen, sozusagen „Unter-" und „Ober-Länder" und „-Landschaften". In einem Aspekt unterscheiden sich die beiden Karten deutlich: Während in „Aequatorial-Ostafrika" „Länder" und „Landschaften" nicht mit Grenzen versehen sind, ist dies in „Mwánsa" der Fall. Dort sind „Länder" und „Landschaften" als klar begrenzte Räume definiert, die Grenzlinien rot und damit markant hervorgehoben.

Wie aber ist nun die Verbindung dieser Raumeinteilung zu ethnischer Differenzierung? Ein Strategie zeigt sich in der Karte „Äquatorial-Ostafrika": Die „Reiche" korrespondieren mit „Ländern". Die Benennungen innerhalb der „Grenzen einheimischer Reiche und Stämme" sind in Versalien geschrieben und damit gemäß der Legende „Landesnamen". Damit werden die Raumvorstellungen „Reich" (mit seinen genannten Konnotationen, nämlich der Zuordnung eines Herrschers und seines Volkes zu einem Territorium) und „Land" (mit der Konnotation der organischen Einheit) übereinandergelegt. Die Karte ist aber in dieser Beziehung eine Ausnahme. Meist wurde schlicht und einfach eine Bevölkerung einem Land oder einer Landschaft zugeordnet. In der Karte „Mwánsa" ist diese Zuordnung sehr deutlich. Dabei geschieht die Zuordnung teilweise auf direktem Wege, also durch die Nennung des Namens der Bevölkerung als Unterzeile des Landesnamen oder indirekt durch Nennung des Häuptlings – ebenfalls bezogen auf das Land. Warum manche Länder nun auf diesem oder jenem Weg ethnisch definiert wurden, geht aus der Karte selbst nicht hervor. Ich gehe davon aus, daß dies ausschließlich eine Folge der damaligen unterschiedlichen Informationslage bezüglich der jeweiligen Gebiete ist. Entscheidend ist, daß beide Wege das selbe Ziel erreichen, ethnisch definierte Gruppen mit mehr oder weniger diskreten, individuellen Raumeinheiten zu verbinden.

10 „Beiläufig und amateurhaft" - die Ethnographie Deutsch-Ostafrikas

Zur Annäherung an die abschließenden Fragen, aus welcher Motivation die ethnographische Kartierung Deutsch-Ostafrika erfolgte und welches Machtpotential eine solchen Kartierung beinhaltete, möchte ich skizzieren, von wem und vor allem in welcher Form die ethnographischen Informationen in Deutsch-Ostafrika gewonnen wurden und wie sie kartographisch übersetzt wurden. John Noyes nennt in seiner analytisch hervorragenden Arbeit über die ethnographische Kartierung Deutsch-Südwestafrikas die diesbezüglichen Ethnographien „beiläufig, amateurhaft und verschiedenartig"[81], eine Beschreibung, die auch im Kontext Deutsch-Ostafrikas sehr gut paßt. Beiläufig, da sie in der Mehrzahl Zusatzinformationen in einem nicht-ethnographischen Kontext waren, verschiedenartig, da sie in Inhalt und Ansatz sehr verschieden sind, und amateurhaft, da sie in der Regel nicht von professionellen Ethnologen gemacht wurden. Ich möchte dies im folgenden erläutern.

Die Ethnographen

Mir ist nur ein professioneller Ethnologe – oder Völkerkundler, wie die damalige Bezeichnung lautete – bekannt, der sich eigens zum Zwecke einer ethnographischen Forschungsreise in Deutsch-Ostafrika aufgehalten hat. Karl Weule, Direktor des Museums für Völkerkunde und Professor für Völkerkunde, beides in Leipzig, unternahm 1906 im Auftrag der „Kommission für landeskundliche Erforschung der deutschen Schutzgebiete" eine solche sechsmonatige Reise in den Südosten der Kolonie (Weule 1908). Wie Cornelia Essner in einer Kollektivbiographie zu deutschen Afrikareisenden im 19. Jahrhundert zusammengefaßt hat, hatte zwar die Mehrzahl eine akademische Ausbildung, die meisten davon jedoch mit einer naturwissenschaftlichen oder medizinischen Ausrichtung.[82] Essner zeigt, daß es nicht *einen* typischen Afrikareisenden gab, zu verschiedenen waren Motive und Werdegang. Und so gab es auch nicht *den* „klassischen" Ethnographen der Zeit. Aber es gibt durchaus immer wiederkehrende Aspekte und Motive einer ethnographischen Beschäftigung, welche ich am Beispiel der bereits erwähnten Person Franz Stuhlmanns herausarbeiten werde. Zudem ist ein Blick auf seine Biographie insofern aufschlußreich, als sie mit all ihren „Zufälligkeiten" durchaus stellvertretend für eine koloniale Karriere war.

Der Hamburger Architektensohn Franz Stuhlmann promovierte 1886 nach einem Studium der Naturwissenschaften mit einer zoologischen Arbeit und erhielt umgehend eine Assistenzstelle (bei Karl Semper in Würzburg).[83] Unschlüssig zwischen Habilitationsplan und dem Wunsch nach einer wissenschaftlichen Afrikareise, entschied er sich 1888 für die Reise, zumal diese auf die notwendige Wartezeit zwischen Promotion und Habilitation angerechnet werden konnte. Unterstützt durch die Akademie der Wissenschaften schiffte er sich 1888 mit dem Ziel Ostafrika ein. Er hatte allerdings nur eine kurze Zeit für seine zoologischen Studien gehabt, als 1890 der – gegen die deutsche Okkupation und Willkürherrschaft gerichtete – sogenannte Araber-Aufstand ausbrach. Als Reserveoffizier trat er der deutschen „Schutztruppe" bei und machte sich durch militärische und kolonialpolitische Aktionen einen Namen. Kurz nach seiner Rückkehr nach Deutschland wurde er 1891 vermutlich aufgrund seiner wissenschaftlichen und kolonial-praktischen Erfahrungen „zur Begleitung Emin Paschas abkommandiert" (Essner 1985: 89). Mit diesem unternahm er nachfolgend ausgedehnte Reisen in Ostafrika. 1892 reiste er dann ein drittes Mal in die junge Kolonie, diesmal mit dem Auftrag kartographischer Vermessungsarbeiten für das Reichskolonialamt. (Stuhlmann hatte wohlgemerkt keine kartographische Ausbildung, vermutlich war man von seinen kartographischen „Eigeninitiativen" im Verlauf seiner Reisen beeindruckt.) Bis zu diesem Zeitpunkt hatte er offensichtlich sein Ziel einer universitären Karriere in Deutschland noch nicht aufgegeben, doch 1894 klagte er gegenüber Ernst Vohsen, dem Inhaber des Dietrich Reimer Verlages und Herausgeber von Stuhlmanns Reisebericht (siehe Stuhlmann 1894b): „Was hilft's, ich muß hier vorwärts, denn zu Hause sehe ich ja keine Aussichten für mich. Was meine Zukunft anbelangt, bin ich ziemlich pessimistisch" (Essner 1985: 89). Vom Gouvernement Deutsch-Ostafrika wurde ihm dagegen 1895 der Chefposten der „Abteilung für Landeskultur und -vermessung" angeboten; er entschied sich daraufhin, im Kolonialdienst zu bleiben. 1903 übernahm er die Leitung einer biologisch-landwirtschaftlichen Versuchsstation, und auch nach seiner Pensionierung übte er von Hamburg aus großen Einfluß im kolonialwirtschaftlichen Bereich aus.

Stuhlmann war also weder ethnologisch vorgebildet noch mit dem Auftrag in Deutsch-Ostafrika unterwegs, dort ethnographisch zu arbeiten. Nach seinen Veröffentlichungen zu urteilen, standen auf den Reisen, trotz seiner umfangreichen ethnographischen Beobachtungen, immer topographische Routenaufnahmen[84] und naturwissenschaftliche Studien im Vordergrund. Es ist bezeichnend, daß seine Zusammenfassung in *Mit Emin Pascha* ... (1894b, Bd. 2) in der Reihenfolge „Geologie und Orographie", „Klima", „Flora und Fauna", „Bevölkerung", „Ackerbau und Kulturgewächse" gegliedert ist. Gleichwohl ging er, wie viele andere seiner reisenden und/oder im Kolonialdienst tätigen Kollegen, gerne und oft ethnographischen „Studien" nach. Ein wichtiger Grund dafür war sicherlich bei vielen das ganz persönliche Interesse. So schreibt Stuhlmann: „Die Ethnographie ist entschieden die interessanteste Wissenschaft für den in Afrika reisenden Forscher" (1894b, 847). Max Weiß, der als professioneller Topograph vier Jahre im Nordosten Deutsch-Ostafrikas verbrachte, betont und bedauert im Vorwort seiner Zusammenstellung *Die Völkerstämme im Norden Deutsch-Ostafrika* den Mangel an Zeit für ethnographischen Studien:

> „Es war mir leider nicht möglich, eingehende Studien zu machen, wie ich es gern getan hätte, denn weit fesselnder und vielseitiger ist die Arbeit des Ethnographen als die des Topographen. Gibt es doch auf der Welt kein interessanteres Studienobjekt als den Menschen, ganz besonders den Naturmenschen, wie ich ihn dort draußen beobachten konnte." (Weiß 1910: vii)

Zu dem persönlichen kam ein öffentliches Interesse, welches wiederum für die Ethnographen einen finanziellen Faktor darstellte. Im Bildungsbürgertum gab es ein großes Interesse an Reiseberichten und populärwissenschaftlichen Arbeiten aus außereuropäischen Gebieten und speziell aus den deutschen Kolonien. Und besonders ethnographische und anthropographische Details faszinierten viele. Neben den sehr voyeuristischen Völkerausstellungen,[85] die meist in Zoologischen Gärten angesiedelt waren, öffnete im letzten Viertel des 19. Jahrhunderts in Deutschland eine ganze Reihe von Völkerkunde-Museen. Zwei Einnahmequellen für die selten finanziell unabhängigen Afrikareisenden oder auch für Kolonialbeamte waren zum einen die Publikation von Reiseberichten oder literarischen „Rundum-Ansichten" für ein breites Publikum, in denen ethnographische Kapitel nicht fehlen durften. Und zum anderen konnten sie Ethnologica sammeln und an die Völkerkunde-Museen schicken, die ja ihre neuen Vitrinen füllen mußten. Im Zusammenhang mit der Sendung von neuem kartographischem Material von Stuhlmann wird auch nebenbei die Sendung von „allein 15 Kolli [Frachtkisten, T.R.] mit werthvollen naturwissenschaftlichen und ethnographischen Gegenständen" (anonym 1892: 608) erwähnt, und dies von nur einer mehrere Wochen dauernden Reise. In der Tat war ein Schwerpunkt ethnographischer Arbeit der Reisenden in Deutsch-Ostafrika das Sammeln von Ethnologica, also ethnographisch charakteristischen Gegenständen. Sei es aus wissenschaftlichem oder finanziellem Interesse, zum Sammeln gehörte immer auch eine ethnographische Beschreibung.

Neben diesen genannten persönlichen Gründen sahen die meisten Ethnographen Deutsch-Ostafrikas ihre Tätigkeit durchaus in einem größeren Zusammenhang. Auch dies möchte ich an Franz Stuhlmann verdeutlichen. Stuhlmann sah sich sowohl in der Rolle des Wissenschaftlers als auch in der des kolonialen Praktikers. Dies ist typisch für das Selbstverständnis vieler Forschungsreisender der Zeit, auch wenn Stuhlmann im Gegensatz zu vielen anderen relativ bald von der reinen Wissenschaft in den Kolonialdienst wechselte. Die beiden Blickwinkel lassen sich gut an seiner ethnographischen und ethno-kartographischen Tätigkeit nachweisen. In seinen Texten spricht der idealistische Wissenschaftler Stuhlmann:

> „Von Jahr zu Jahr werden die Eigenheiten vieler Völkerschaften durch die Berührung mit den Arabern und Europäern verwischt. Wir befinden uns in einem Übergangsstadium, wo wir retten müssen, was zu retten ist. Jede kleinste Notiz, jeder winzige Gegenstand einer ursprünglichen Kultur ist für unsere Sammlung werthvoll." (1894: 848)

Dazu gehörte für ihn, der ja kartographisch sehr interessiert und aktiv war, unzweifelhaft auch, diese Kulturen und „Völkerschaften" zu kartieren und zu verorten. Daneben gab es den Kolonialisten Stuhlmann: „Damit wir wissen, wo später Pflanzungen errichtet werden, und wo deshalb der Schienenweg am nöthigsten ist, ist eine planmäßige und gründliche Untersuchung des ganzen Gebietes erforderlich" (ibid., 863). Wie zu erwarten, meinte er damit zunächst die topographische Kartierung,[86] aber auch ethnographische Studien empfahl er dringlichst: „Ebenso kann man nur allen Stationschefs aufs angelegentlichste empfehlen, Erkundigungen über Land und Leute anzustellen". Er riet dies aus wissenschaftlichem,[87] aber auch explizit aus kolonialpolitischem Interesse: „Auch die Kolonie an sich wird aus seiner Thätigkeit Gewinn ziehen können", denn „wir brauchen nur die Kolonialgeschichte fremder Staaten anzusehen, um zu erkennen, daß man häufig durch einen Mangel der Kenntnis dieser Verhältnisse Fehler begangen hat" (ibid., 864). Ich komme später auf die weiterführende Aussage dieses Zitats zurück. Zuvor möchte ich aber einer möglichen Mißdeutung entgegentreten. Stuhlmann ist nicht analytisch in „den Wissenschaftler" und „den Kolonialisten" zu trennen. Ich habe bewußt zwei Zitate herausgesucht, in denen einmal der wissenschaftliche und einmal der kolonialistische Anspruch sehr deutlich werden; doch dies sind Ausnahmen. In der Regel, d.h. im größten Teil von Stuhlmanns

Ausführungen sowie auch in den Berichten und Beiträgen anderer „Ethnographen", ist eine solche analytische Trennung jedoch nur schwer möglich. Und sie ist auch nicht sinnvoll. Wie vermutlich viele seiner Zeitgenossen, hatte Franz Stuhlmann nicht den Anspruch, seine Motivationen trennen zu müssen oder zu wollen. Er sah sich, so ist meine Einschätzung, als ein Wissenschaftler, der bei seiner Forschung das Ziel des kolonialen Projektes Deutsch-Ostafrika vor Augen hatte; und dies widersprach sich keineswegs.

Der ethnographische „Leitfaden"

Wie erwähnt, waren so gut wie alle der ethnographisch tätigen Personen ethnographische und ethnologische Amateure. Damit dies jedoch nicht zum Hindernis wurde, dafür gab es ethnographische „Leitfäden". Es gab nicht nur Anleitungen für ethnographische Studien, sondern generell für wissenschaftliche bzw. wissenschaftlich interessierte Reisende. Das bekannteste war *Der Beobachter* aus dem Jahr 1882 von David Kaltbrunner und Emil Kollbrunner, Mitgliedern des Internationalen Geographischen Instituts in Bern.[88] Wie Essner nachweist, ist das Werk insofern repräsentativ für die damalige Meinung, als es in deutschen Fachkreisen begeistert aufgenommen und „zu einem Standardwerk für Reisende" (1985: 38) wurde. Dort wird auf der ersten Seite auf die nötige Verschmelzung des Entdeckungsreisenden mit dem „Fachgelehrten Forscher" hingewiesen. Die Autoren waren sich bewußt, daß „die Kenntnisse, deren der Reisende bedarf, nicht diejenigen [sind], welche man von einem Gelehrten verlangt". Entscheidend sei vielmehr: „Was der Reisende nach dieser Richtung bedarf, ist mit einem Worte Scharfblick, Beobachtungsgabe und eine gewisse allgemeine Bildung zum Verständnis des Gesehenen" (Kaltbrunner & Kollbrunner 1882: 7). Das „Gesehene" bezog sich vor allem auf die „sozialen Facta". In bezug auf naturwissenschaftliche Begebenheiten sollte der Reisende, der Forscher nur den objektiven Messergebnissen trauen und „sich hüten vor Fehlern der sinnlichen Beobachtung" (*ibid.*, 4). Zur Feststellung der „sozialen Facta" war aber gerade die distanzierte Beobachtung höchst vorteilhaft.

Für ethnographische Studien gab es spezielle Handbücher, wobei das Standardwerk die „Instruktion für ethnographische Beobachtungen und Sammlungen" des bekannten Völkerkundlers Felix von Luschan war. Diese „Instruktion" gab es in verschiedenen Ausführungen, sowohl allgemein als auch regional, und damit natürlich auch für Deutsch-Ostafrika zugeschnitten (siehe von Luschan 1896). Mit Hilfe dieser „Anweisungen" brauchte man die ethnographischen „Thatsachen" nur zu beobachten und zu erfragen. Und aufgrund der Distanz, die die kurze Verweildauer und die Fremde der Kultur mit sich brachte, war der so Beobachtende imstande, „was er zufällig oder absichtlich erfährt, Wahres oder Falsches wohl zu unterscheiden", er war in diesem Sinne „vielleicht zu einem Urtheil eher befähigt als die Bewohner des Landes selber" (Kaltbrunner & Kollbrunner 1882: 4f).

Es gab durchaus kritische Stimmen zu dieser Art der Ethnographie. Der Afrikareisende und spätere Geographie-Professor Eduard Peschuel-Loesche warb bereits 1884 dafür, „Fachleute auszusenden, welche sich wie unsere Missionare inmitten des zu beobachtenden Naturvolkes häuslich niederlassen, und zwar für Jahre".[89] Eine solche Meinung hatten, jedoch scheinbar wenig Gewicht; Pläne, eine solche Idee von offizieller Seite in die Tat umzusetzen, sind mir nicht bekannt.

Die Informanten

„... zu einem Urtheil eher befähigt als die Bewohner des Landes selber": Sowohl der *Der Beobachter* als auch die „Instruktion" empfahlen, auf die eigene wissenschaftlich geschulte Beobachtungsgabe und nicht „ungebildeten" Afrikanern zu vertrauen. In frühen Karten wie in der „Skizze ... von Erhardt und Rebmann" finden sich noch Angaben wie: „Gestützt auf die Angaben zahlreicher Eingeborner und muhamedanischer Reisender" (**K1**). Die Betonung der afrikanischen Informanten ist eine große Ausnahme und auf Karten späterer Jahre nicht mehr zu finden. Man zweifelte öffentlich an der Glaubwürdigkeit ihrer Informationen. Robert F. Burton, einer der britischen „Nilquellensucher", wird mit dem Ausspruch zitiert, daß er es als hilfreich empfunden hätte – in bezug auf die Strömungsrichtungen von Flüssen – immer das Gegenteil von dem anzunehmen, was ihm Afrikaner erzählt hätten (Bridges 1994: 16). Unzweifelhaft hat er dies nicht so praktiziert. Ohne Hilfe lokalen Wissens wäre die ohnehin schon hohe Zahl der Opfer der Expeditionen in der damaligen Zeit noch größer gewesen. Man sollte dieses kolportierte Zitat eher als eine Aufwertung der eigenen Leistungen durch Herabwürdigung der unzivilisierten, „unwissenden" Helfer interpretieren. Die so zur Schau getragene Geringschätzung lokalen Wissens hatte in Wirklichkeit sehr enge Grenzen, bei ethnographischen Aufzeichnungen noch engere als bei topographischen. Kein Forschungsreisender, Amateur oder Spezialist, konnte auf solche Informationen verzichten. Doch der Verweis auf die Informanten wurde in den allermeisten Fällen unterschlagen, da man fürchtete, damit den Informationen den Makel der Unwissenschaftlichkeit anzuhängen.

Was konkret die ethnographische Kartierung angeht, gab es ein Problem, das es den europäischen Ethnographen in der Tat schwer oder unmöglich machte, lokales Wissen in der Form von Raumkonzepten zu berücksichtigen. Es ist richtig, daß es im vorkolonialen Afrika so gut wie keine Tradition der zwei-dimensional abstrahierten Karte und Kartierung gibt.[90] Doch es gab sehr wohl und auch in Ostafrika andere Formen der Kartierung. Es gab die Form der aktiven Kartierung, der physisch-aktiven Auseinandersetzung mit dem Raum, also einer drei- bzw. vierdimensionalen Kartierung, vergleichbar mit den sogenannten „Traumpfaden" der australischen *Aborigines*. Es gab (und gibt) kosmographische und mnemotische Karten, die nichts mit dem westlichen Kartenverständnis gemein haben, die aber auch eine Konstellation von Orten und Landschaftselementen beschreiben.[91] Es handelt es sich dabei um Karten, deren Lesung esoterischen Wissens bedarf und die demzufolge nur von Spezialisten gelesen werden können (Bassett 1998; Turnbull 1993: Kap. 5). Verständlicherweise konnten die Europäer in der Regel mit derartigen Kartierungskonzepten nichts anfangen. Und falls sie ihre Bedeutung im Einzelfall doch erfaßt haben sollten, so ließ sich solche Art der Kartierung schwerlich in ein westliches Kartierungskonzept übersetzen.

Ein sehr wichtige Frage zu afrikanischen Informanten muß hier, wenn auch nicht beantwortet, so doch zumindest gestellt werden. Die Vorstellung, daß es sich bei der beschriebenen Kartierung lediglich um ein europäisches Herrschaftsinstrument zum Nutzen der Kolonialmächte handelt und die afrikanischen Machthaber mit dem Konzept einer solchen Kartierung nichts anfangen konnten und daher passive „Opfer" waren, ist sicherlich sträflich vereinfachend und falsch. Die Frage ist, ob man sich diesen Prozeß der Kartierung nicht vielmehr als einen komplexen inter-aktiven Prozeß vorstellen sollte, in dem Afrikaner auch eine aktive Rolle einnahmen. Vermutlich gab es nicht wenige Afrikaner, die das Machtpotential einer solchen europäischen Kartierung erkannten und ihre Position als Informanten zum eigenen Vorteil nutzten. Carola Lentz (1998: Kap. 4) berichtet von Fällen, in denen die britische Kartierung der Kolonie Ghana zu Konflikten unter Afrikanern führte, ein Beleg dafür, daß die politische Qualität der Karten durchaus von Europäern *und* Afrikanern wahrgenommen wurde. Eine weiterführende empirisch-historische Bearbeitung dieser komplexen Thematik gibt es bislang weder für Deutsch-Ostafrika noch für andere afrikanische Kolonien, so daß die Frage der Position der afrikanischen Informanten auf eine ausführliche Beantwortung warten muß.

Andere Informanten, die vermutlich sehr oft in Anspruch genommen wurden, waren Missionare. Aufgrund ihrer in der Regel langen Aufenthaltszeit und der für ihre Arbeit notwendigen Beschäftigung mit Sprache und Kultur ihrer potentiellen „Gemeinde" waren sie als Informanten gefragt. Zum Teil findet sich in Berichten der explizite Verweis auf Missionare („Den Aussagen der Missionare zufolge..." [Stuhlmann 1894a, 285]), noch wesentlich öfter wurden aber vermutlich Informationen von Missionaren übernommen, ohne sie zu überprüfen und ohne die Missionare als Informanten zu benennen.

Die Konstrukteure ethnographischer Karten

Wie bereits oben ausgeführt, spielten die Konstrukteure der Karten eine wesentliche Rolle, die über das graphische Übersetzen der schriftlichen Informationen hinausging. In den Begleittexten der Kartenblätter der großen „Karte von Deutsch-Ostafrika" werden zum Teil ethnographische Grenzziehungen auf der Grundlage mehrerer Quellen diskutiert – wenn auch selten, da, wie erwähnt, die Problematik der ethnographischen Verortung und Grenzziehung als kein zentrales Problem erkannt wurde. So schreibt Richard Kiepert im Text zum Blatt „Mwánsa":[92]

Das große Gebiet Ussúmbwa ... bildet zwar nach der Baumann-Hassenstein'schen Karte Tafel 4 und dessen „Durch Massailand", S. 218 einen Theil von Unyamwési; indessen hält Graf von Götzen dafür, daß zwischen den Wassumbwa und den eigentlichen Wanyamwesi ein größerer ethnographischer Unterschied obwaltet, so daß beide auf unserem Blatte durch eine schärfere Grenze getrennt wurden, als sonst die kleinen staatlichen Gebilde gleicher Nationalität.

Das Zitat verdeutlicht die Arbeit des Quellenvergleichs seitens der Konstrukteure. Das Zitat verdeutlicht aber auch zwei andere Aspekte der ethnographischen Kartierung: erstens die Betonung exakter, „scharfer Grenzen" und zweitens die, vorsichtig formuliert, inkonsequente Verwendung von bzw. die Vermischung der Begrifflichkeiten zu sozio-politischen Vergemeinschaftungen einerseits und geographischen „Ländern" und „Landschaften" andererseits. Selbst Richard Kiepert, Sohn und Schüler von Heinrich Kiepert, der wiederum „Musterschüler" von Carl Ritter war, einem der Begründer der wissenschaftlichen Geographie, war dabei in auffälliger Weise undifferenziert.

11 Die Problematik ethnographischer Kartierung (Teil 2)

Die Schwierigkeit der ethnographischen Grenzziehungen

Ich habe Kriterien aufgezeichnet, mit deren Hilfe ethnographisch differenziert und vor allem auch verortet werden konnte. Das geographische „Länder"-Paradigma stand auf der einen Seite, anthropologische und linguistische Argumente standen auf der anderen. Dieses Fundament war aber für eine ethnographische Kartierung recht unsolide. Prinzipiell ließen sich zwar mit dem Länderschema relativ exakte Grenzen ziehen. Immer wieder finden sich in der Literatur aber Hinweise auf die Schwierigkeit, die solche ethnographischen Verortungen mit sich bringen. In seiner für Deutsch-Ostafrika sehr frühen *Geographie und Geschichte der Colonie* beschrieb Brix Förster erwartungsgemäß „Die einzelnen Landschaften und ihre Bevölkerung". Dabei betonte er aber:

> „Die Grenzen der auf der Karte eingetragenen Landschaften können absolut keinen Anspruch auf Exactheit machen, denn sie sind nicht durch politische Verhältnisse geschaffen, sondern von den jeweiligen Reisenden als der Umfang einer einheitlichen Bevölkerung bezeichnet worden, und zwar entweder nach eigener Erfahrung oder auf grund von Erkundigungen. Die Bevölkerung selbst aber ist, namentlich an den Grenzgebieten, stark fluktuierend, und das was vor zehn Jahren vollkommen correct angegeben wurde, kann heutzutage in demselben Maße ungültig sein." (Förster 1890: 136)

Während Förster die Schwierigkeit der Grenzziehung ethnisch definierter Räume vor allem in einer zeitlichen Veränderung sah, war für Karl Weule das Problem noch komplizierter:[93]

Die Gebiete, welche die einzelnen Stämme bewohnen, lassen sich nicht genau begrenzen. Oft finden sich in einer Landschaft Dörfer verschiedener Stämme und vielfache Vermischungen derselben haben stattgehabt. Verschiedene Umstände haben diese Durcheinanderwürfelung der Bevölkerung bewirkt.

Auch möchte ich darauf hinweisen, daß anthropologische und linguistische Kriterien sicherlich die dominanten Kriterien der „Stammes"-Unterscheidung waren, aber nicht die einzigen. Oscar Baumann beschreibt beispielsweise die große Ähnlichkeit der „Massai" und der „Wakuafi" und schließt dabei mit der Bemerkung ab: „Den Wakuafi jedoch deshalb die Stammesstellung gänzlich abzusprechen, halte ich doch für unberechtigt, denn thatsächlich bestehen eben beide Theile für sich und unterscheiden sich *in Stammesgefühl und Lebensweise*" (Baumann 1891, 11; meine Betonung, T.R.). Sowohl eine stark fluktuierende Bevölkerung als auch die Einbeziehung komplexer Kriterien wie „Stammesgefühl und Lebensweise" ließen eine genaue Grenzziehung schwierig erscheinen.

Diese Beispiele spiegeln ein Kernproblem der damaligen Ethnographie(n) und im besonderen der ethnographischen Kartierung wieder. Es gab durchaus Wissenschaftler und interessierte Amateure, die die Komplexität und die Dynamik von Ethnizität und die Problematik ihrer Kartierung erfaßten. Gleichwohl zweifelten sie weder an der Notwendigkeit der Verortung von Stämmen, noch zweifelten sie an der wissenschaftlichen Rechtfertigung solcher Karten. Ethnographische Kartierung wurde prinzipiell als eine geeignete Repräsentationsform des Verhältnisses von ethnischen (und rassischen) Gruppen einerseits und geographischem Raum andererseits angesehen (Noyes 1994: 258). So hielt Ratzel beispielsweise die Schwierigkeit der Grenzziehung, die er durchaus sah, nicht für ein prinzipielles Problem, sondern schrieb es vor allem auch der unzureichenden ethno- und geographischen Informationslage zu: „Alles andere hat an Genauigkeit unendlich gewonnen, aber die Völkernamen findet man noch heute ohne nähere Bestimmung ihrer Grenzen eingeschrieben" (1912 [1891], 492).

Die Betonung politischer Kategorien

Symptomatisch für die ethnographische Verortung bei der Kartierung Deutsch-Ostafrikas ist, daß fast durchgehend politische Kategorien verwendet wurden. Das obige Zitat von Kiepert (s. S. 88) ist ein Musterbeispiel, aber keineswegs eine Ausnahme. Kiepert grenzte (in obigem Zitat) zwei ethnisch definierte Gemeinschaften, bei denen „ein größerer ethnographischer Unterschied obwaltet" schärfer ab „als sonst die kleinen staatlichen Gebilde gleicher Nationalität". Es gab durchaus Kritik an diesen politischen und ethnischen Kategorisierungen und Grenzziehungen. Förster wies (in obigem Zitat) darauf hin, daß Landschaftsgrenzen nicht politischer Natur sind und damit keinen Anspruch auf Exaktheit beanspruchen könnten. Solche expliziten Aussagen waren jedoch Ausnahmen, und sie blieben für die Praxis folgenlos.

Einigen, möglicherweise sogar einer größeren Anzahl von Beteiligten, war also klar, daß die ethnischen Verhältnisse, die lokale Wirklichkeit keineswegs so simpel waren, wie sie auf den Karten dargestellt wurde. Carola Lentz berichtet von den Versuchen britischer Kolonialbeamter, den Nordwesten Ghanas ethnographisch zu kartieren, und kommt zu ähnlichen Schlüssen. Sie zitiert ethnographische Berichte, die viele Details zur sozialen und politischen Organisation der dort wohnenden Gemeinschaften schildern. Lentz nennt zugleich den Grund, warum diese Beobachtungen folgenlos blieben: „...weil aber alles Wissen auf praktisch-politische Verwertbarkeit ausgerichtet sein und die administrative Kontrolle erleichtern sollte" (Lentz 1998: 148). Dies ist in der Tat auch von anderen Autoren der häufigst genannte Grund für koloniale ethnographische Tätigkeit. Ich stimme dem insoweit zu, als auch in Deutsch-Ostafrika die administrative Kontrolle ein zentraler Grund dafür war, daß ethnographische Kartierung in der oben dargestellten Form erfolgte. Dennoch möchte ich die ethnographische Kartierung Deutsch-Ostafrikas weder in ihrer Intention noch in ihrer Wirkung darauf beschränkt sehen. Wie ich beschrieben habe, war die Ethnographie Deutsch-Ostafrikas „beiläufig, amateurhaft und verschiedenartig". Insofern stimme ich auch John Noyes (1994: 238) zu und übernehme sein auf Deutsch-Südwestafrika bezogenes Resümee, daß sich eine sehr *direkte* Komplizenschaft von den der Wissenschaft verpflichteten Ethnographen einerseits und Kolonialmachthabern und -administratoren andererseits auch für Deutsch-Ostafrika nicht prinzipiell nachweisen läßt. Ich möchte aber auch hier die Zustimmung relativieren und mit zwei Einschränkungen versehen. Es gab prinzipiell, d.h. in der Gesamtheit, keine direkte Kollaboration, im persönlichen Einzelfall aber schon. Und es gab eine deutliche *indirekte* „Komplizenschaft". Was ich darunter verstehe und was sich meines Erachtens gut nachweisen und veranschaulichen läßt, sind Elemente der ethnographischen Kartierung, die auf verschiedenen Wegen kolonialen Raum produzierten. Dies möchte ich im folgenden ausführen.

12 Die Macht der ethnographischen Karte - die Produktion von kolonialem Raum (Teil 3)

Warum wurde ethnographisch verortet? Warum waren exakte Grenzziehungen (oder Grenzziehungen überhaupt) gewünscht? Daß ethnographische Verortung und Grenzziehungen als wichtig erachtet wurden, beweist ein Blick in die Luschan'sche „Instruktion", in der sich bereits die beiden ersten Desiderata mit der Raumkomponente beschäftigen. Die Punkte lauten: „1. Name der Landschaft (des Dorfes, des Häuptlings); 2. Kartenskizze und Angabe, inwieweit die im Kolonialatlas eingetragenen politischen Grenzen mit den ethnographischen Verhältnissen zu stimmen scheinen" (von Luschan 1896: 90). Warum gab es bei der ethnographischen Arbeit nur die „schnelle Variante" der Amateure mit Hilfe der Luschan'schen „Instruktion"? Weil es um die

Produktion von kolonialem Raum ging, d.h. weil Deutsch-Ostafrika auch ethnographisch aus einem rein kolonialen Blickwinkel gesehen wurde. Und weil für die Ziele einer kolonialen Kartierung sowohl Grenzziehungen erwünscht waren als auch die „schnelle Variante" ausreichte. Um es noch einmal deutlich zu machen: Ich bin nicht der Ansicht, daß alle oder die Mehrzahl der Amateur-Ethnographen Deutsch-Ostafrika bewußt und primär kolonialpolitische Ziele verfolgt haben. Es gab durchaus die wissenschaftlichen Ziele der ethnographischen Klassifikation und der umfassenden Beschreibung der Welt. Aber auch hier wurde ein spezifisch europäischer, ein eurozentrischer Blick angewendet, der den Raum kolonialisierte. Und darüber hinaus gab es sehr wohl eine relativ enge, bewußte und praxisnahe Verbindung der Ziele kolonialer Raumbeanspruchung und -strukturierung und der ethnographischen Kartierung. Sieben Aspekte möchte ich herausarbeiten, die bei der Produktion kolonialen Raumes durch die ethnographische Kartierung Deutsch-Ostafrikas meines Erachtens eine wesentliche Rolle gespielt haben: Das Sicherheitsinteresse der Reisenden, das wissenschaftliche Interesse, das kultur-missionarische Argument, die ethnographische Imagination als Suche nach Arkadien, das kolonialpolitische Interesse einer effizienten territorialen Verwaltung, kolonial-ökonomische Interessen und das politische Interesse eines geordneten und sozial erfaßbaren Raumes.

Natürlich hatten nicht alle Aspekte zu jeder Phase der Kartierung Ostafrikas bzw. Deutsch-Ostafrikas die gleiche Bedeutung und Wichtigkeit. In der Frühphase spielte beispielsweise sicherlich das Sicherheitsinteresse der Reisenden eine große Rolle, während später das Interesse einer effizienten kolonialen Verwaltung eine immer zentralere Bedeutung gewann. Die grundlegende Motivation eines sozial überschaubaren Raumes ist aber sicherlich für alle Phasen der Kartierung relevant.

Das Sicherheitsinteresse der Reisenden

Zunächst wende ich mich noch einmal den Motivationen der Amateur-Ethnographen zu. Die finanzielle Motivation habe ich bereits angesprochen (siehe Kap. 11). Es gab noch einen anderen, sehr praktischen Aspekt, der im besonderen auch die Verortung betraf: das Sicherheitsinteresse. Diese Interessen hatten natürlich nicht nur die (reisenden) Ethnographen, sondern alle Reisenden. Der deutsche Kaufmann Paul Huebner beschrieb dies bei der Schilderung seiner Handelskarawane von Mombasa nach Kampala im Jahre

1899 anschaulich. Zum einen mußte man auf die „Stammeszugehörigkeit" der Lastenträger achten.

„Auch die Sicherheit eines einzelnen Europäers inmitten einer großen Zahl im Grunde doch wilder Menschen ... ist von großer Bedeutung. Die Erfahrung hat gezeigt, daß Eingeborenenstämme, die sich seit jeher bekämpft haben, einander mißtrauen, sich gegenseitig mißachten und sehr eifersüchtig aufeinander sind. Daher ist es notwendig, die Träger aus verschiedenen Stämmen zu nehmen." (Huebner 1947: 104)

Zum anderen spielten aber auch die „Stammesterritorien" eine wichtige Rolle: „Die Reise führte durch das Gebiet einer ganzen Reihe von Negerstämmen... Von all diesen Stämmen war man mehr oder weniger abhängig, sobald man ihr Gebiet passierte." *(ibid.,* 103). Die reisenden Europäer waren in dieser Zeit stark abhängig von der Gunst der jeweiligen Potentaten. Sie waren persönlich daran interessiert, „Stammesgrenzen", also ethnographische Raumunterteilungen, möglichst genau zu fixieren, um zu wissen, in wessen Gebiet sie waren. Sie waren auf das Wohlwollen der jeweiligen Machthaber angewiesen, nicht zuletzt auch, weil die Karawanen mit ihren bis zu einhundert Trägern mit Verpflegung versorgt werden mußten. „Man mußte ihre Eigenarten kennen und wissen, wie man sie zu Gefälligkeiten anspornen und für ihre Lieferungen zu belohnen hatte" *(ibid.,* 103).

Das wissenschaftliche Interesse

Warum wurden von einem wissenschaftlichen Standpunkt gesehen afrikanische Stämme im kolonialen Kontext um 1900 „erfunden" oder imaginiert und warum war dabei eine territoriale Verortung wichtig? Zunächst einmal, weil es das Naheliegendste war; weil niemand Bedenken hatte, das dominante Herder'sche „Völker"-Konzept von „natürlichen", klar definierten und stabilen Gemeinschaften, die ebenso klar umrissene Territorien bewohnen, auf koloniale Gebiete zu übertragen. Gerade dort war es sogar besonders passend. Wie ich in Kapitel 5 beschrieben habe, waren die deutsche Völkerkunde und Geographie um die Jahrhundertwende sehr von der Idee des Naturdeterminismus geprägt, einer Theorie, derzufolge Menschen sowohl in ihrem Handeln als auch in ihren geistigen Entfaltungsmöglichkeiten von ihrer Umwelt geprägt werden (Gothsch 1983). Dies galt aber nicht für alle Völker gleich, sondern für die nach damaligem Verständnis niedrig entwickelten sogenannte „Naturvölker" mehr und bei höher entwickelten „Kulturvölkern" weniger. So war es wissenschaftlich von großem Wert, die Naturvölker zu verorten, um eine Beziehung zur Umwelt herzustellen bzw. diese zu untersuchen. Im wissenschaftlichen Kontext der Zeit war die Zuordnung „Land(schaft)" zu „Stamm" durchaus folgerichtig: Wenn es auf der einen Seite die Herder'sche Idee der „natürlichen" Verbindung einer stabilen sozialen Gemeinschaft mit „ihrem" Territorium und auf der anderen Seite die Idee der klar begrenzbaren, individuellen Raumeinheiten, der „Länder", gab, dann war es nur ein kleiner Schritt, beide Ideen zu kombinieren. Georg Elwert zufolge sind in Afrika in der Kolonialzeit entstandene Ethnonyme, also Namen von ethnischen Gruppen, oftmals auf linguistische Mißverständnisse zurückzuführen: „Wir sind die Leute von hier" war, so vermutet er, oftmals die Antwort auf die Frage der Kolonialbeamten, wessen Stammes sie seien. Elwert glaubt, daß „hier weniger als das Prinzip Verwandtschaft ein „Prinzip Nachbarschaft" oder „Landschaft" organisierend wirkt[e]" (1989: 445). Auch Terence Ranger (1995: 6f.) berichtet, daß manche Ethnonyme nachweislich aus Spitznamen bezüglich eines bestimmten landschaftlichen Charakteristikums entstanden sind. Meine Auffassung und die Schlußfolgerung aus oben Gesagtem ist, daß es sich nicht um linguistische Mißverständnisse bei der kolonialen Namensgebung handelte, jedenfalls nicht in dem Sinn, den Elwert beschreibt. Die deutschen Ethnographen waren keineswegs überrascht, daß die befragten Afrikaner wie oben beschrieben antworteten, denn der in der Antwort enthaltene örtliche Bezug stimmte mit dem „Prinzip Landschaft" hervorragend überein.

Das kultur-missionarische Argument

Mit Hilfe der Theorie des Naturdeterminismus ließ sich im übrigen von einem moralischen Standpunkt für eine koloniale Expansion argumentieren, was wiederum Konsequenzen für die ethnographische Kartierung hatte. Nach der Auffassung Adolf Bastians, eines der prominentesten Völkerkundler um 1900, könne sich eine Kultur innerhalb ihrer „geographischen Provinz" ohne Stimulans von außen nur bis zu einem bestimmten Punkt entwickeln (Gothsch 1983: 19-27). Im Sinne eines „Kulturmissions-Argumentes" (*ibid.*, 266) war es also ein moralisches europäisch-koloniales Anliegen, den „Naturvölkern" zu einer kulturellen Hebung zu verhelfen.

John Noyes (1994: 258f) geht einen Schritt weiter und argumentiert, daß eine klare Verortung ein Schritt auf dem Weg der kulturellen Hebung im Sinne des „Kulturmissions-Argumentes" war. Noyes führt dabei Leo Frobenius an, der zwischen höher entwickelten nordafrikanischen „äthiopisch-berberischen" und niedriger entwickelten schwarzafrikanischen „hamitisch-negerischen" Kulturen unterschied.[94] „Äthiopischer Kultur" schrieb er ein „zentrifugales Raumgefühl" mit festliegenden Zentren und „Ausstrahlung ins Unbegrenzte" zu. Die „hamitische Kultur" dagegen ließe sich mit einem „zentripetalen Raumgefühl" charakterisieren, wobei „Wohnstätten verlegt werden [können], aber nur innerhalb eines begrenzten Raumes" (Gothsch 1983: 97). Folgerichtig wären die niedrig entwickelten „hamitisch-negerischen" Stämme, zu denen die ganz überwiegende Mehrheit der ethnischen Gruppen im Gebiet Deutsch-Ostafrikas gezählt wurde, ohne feste Grenzen nur mit Namenszug über einem vagen Territorium zu beschreiben. Dies wurde in der Tat auch oft so praktiziert. Allerdings war dies für die gewünschte genauere kartographische Verortung unbefriedigend. Eine Lösung bot das genannte „Kulturmissions-Argument": Indem man, so die These, Völkern mit einer niedrigen Kultur ein genau begrenztes Territorium zuschriebe, würde man ihnen zu einer kulturellen Hebung verhelfen bzw. dieser sozusagen kartographisch vorausgreifen.

Einerseits ist Noyes' Argumentation an dieser Stelle angreifbar, da er Literatur von Frobenius aus den 1920er und 1930er Jahren – also aus einer Zeit, in der das deutsche Kolonialkapitel bereits beendet war – zitiert und in Verbindung zur deutschen Kolonialpraxis bringt.[95] So entwickelte Frobenius beispielsweise die Dichotomie „hamitisch-negerisch" und „äthiopisch-berberisch" in der dargestellten Form erst in den späten 1920er Jahren (und leitete damit eine bemerkenswerte Umkehrung des „Hamiten"-Begriffes ein).[96] Andererseits halte ich Noyes' Argument dennoch grundsätzlich für richtig, denn Frobenius' prägnante Schlußfolgerung formuliert eine Meinung, die auch während der Kolonialphase akzeptiert und verbreitet war, auch wenn sie um 1900 noch nicht so präzise formuliert wurde. Wie beschrieben, gab es in der Praxis gelegentlich Zweifel, ob die Territorien der in Deutsch-Ostafrika lebenden „Stämme" wirklich so genau kartierbar waren, wie dies etwa Oscar Baumann tat (K13). Da half ohne Zweifel das „Kulturmissions-Argument", welches ja nicht nur moralisch ehrenhaft war, sondern auch wissenschaftlich begründbar.

Andererseits gab es aber eine Praxis der Kartierung, die dieser Argumentation widerspricht. Noyes zufolge ist ein Merkmal ethnographischer Karten aus der Kolonialzeit, daß in ihnen seßhafte und nomadische Gruppen nicht unterschieden wurden. Wörtlich schreibt er: „This applies to virtually all ethnographic maps of the time" (Noyes 1994: 256). Wenn er diese Aussage nicht nur auf Deutsch-Südwestafrika bezieht, sondern allgemeiner versteht, so ist sie zumindest für Deutsch-Ostafrika zu differenzieren. Es stimmt zwar, daß dies für viele Karten zutrifft. Stuhlmanns Karte (K11) ist ein Beispiel dafür: Den nomadischen Massai wird ein Raum genauso zugewiesen wie den Ackerbau betreibenden Gruppen. Es gibt aber demgegenüber eine Reihe von Karten, in denen besonders die verschiedenen Massai-Gruppen – als die größten, nomadisch lebenden Gruppen Ost-Afrikas – bewußt kein klar begrenztes Territorium erhalten. Baumanns Karte (**K13**) ist dafür ein Beispiel. Das hauptsächlich von den Massai genutzte Gebiet ist bei ihm relativ farbneutral und mit der Beschriftung „Streifgebiet der ...-Massai" versehen Damit hebt es sich deutlich von den Gebieten anderer „Stämme" ab. (Paradoxerweise definiert Baumann in der Legende diese „Streifgebiete" als unbewohnt, da das Kriterium der fehlenden Siedlungen hier zutrifft.) Dies spricht nicht gegen die Annahme einer kartographischen Umsetzung des „Kulturmissions-Arguments". Es macht aber deutlich, daß es auch Kartographen bzw. Ethnographen gab, die es vorzogen, einen – wie auch immer wahrgenommenen – Status quo zu beschreiben, anstatt zur visionären kulturellen Hebung der „Naturvölker" beizutragen.

Die ethnographische Imagination als Suche nach Arkadien

Auf eine andere Form „visionärer" ethnographischer Imagination sei hier hingewiesen, wenn auch nur kurz, da ich ihren Einfluß auf die Kartierungsformen für nicht zentral erachte. Fritz Kramer beschreibt das ethnographische Interesse an europafernen Gebieten im 19. Jahrhunderts als „Suche nach Arkadien", dem mythischen Ort und Sinnbild idyllischen, naturverbundenen Lebens. Wörtlich schreibt Kramer:

> „In der Zeit der Kolonialreiche hat die Ethnographie der Rationalisierung der Administration gedient – aber auch dem Wunsch, aus den herrschenden Zwängen der industriellen Zivilisation zu den ‚Naturvölkern', in das ‚erfüllte Leben', zu entkommen. Die ethnographische Imagination stand in der mythologischen Tradition Europas und durch die Fortsetzung der Suche nach Arkadien auch in einer eigenen Spannung zur Utopie." (Kramer 1981: 7)

Eine ethnographische Kartierung, so wie sie stattfand, nämlich mit möglichst genauen Grenzen, kam diesem Wunsch sehr entgegen. Aus der „Suche nach Arkadien" entsprang der Wunsch, eben solche homogenen natürlichen und naturverbundenen Gemeinschaften in ihren natürlichen Lebensräumen, solche ideal-typischen 'Naturvölker" vorzufinden und eben diese „natürlichen Lebensräume", sprich die ethnischen Territorien, zu kartieren.

Das kolonialpolitische Interesse einer effizienten territorialen Verwaltung

Wiederholt ist in Zitaten das kolonialpolitische Interesse der administrativen Kontrolle durch ethnographische Kartierung hervorgehoben worden, und in der Tat ist dies ein wesentlicher Aspekt bei der Bewertung der ethnographischen Kartierung Deutsch-Ostafrikas. Juhani Koponen (1995) beschreibt anschaulich die Phasen der militärischen und administrativen Kolonialisierung Deutsch-Ostafrikas. Erste deutsche Stützpunkte waren militärische Forts, Bomas genannt, welche bei Befriedung des umgrenzenden Landes in Bezirksämter umgewandelt wurden. Die zugehörigen Bezirke mußten zunächst kartographisch geschaffen werden. Diese Bezirke veränderten sich im Laufe der Geschichte der Kolonie in ihren Grenzen und in ihrer Anzahl mehrfach. Immer waren die Bezirke aber relativ groß und mit Hilfe von administrativen Bezirksnebenstellen und militärischen Nebenposten verwaltet. Aber auch mit Hilfe der Nebenstellen waren die Gebiete, auf die deutsche Beamte und Militärposten eine direkte Kontrolle ausüben konnten, sehr klein. Um die Bezirke in ihrer ganzen Ausdehnung effektiv zu verwalten und politisch zu kontrollieren, waren die wenigen deutschen Kolonialbeamten auf die Mitwirkung einheimischer Kräfte angewiesen. Deutschland praktizierte in seiner Kolonialpolitik letztendlich das System der sogenannten *indirect rule* – der indirekten Herrschaft durch indigene Machthaber, welche im Sinne der Kolonialmacht agierten und dafür von dieser in ihren Machtpositionen bestärkt wurden – nie mit der Konsequenz, mit der Großbritannien dies tat. Die Kolonialpolitik setzte immer auch auf eine stärkere Präsenz der „eigenen Kräfte". Dennoch war das Prinzip der Heranziehung indigener Machtpersonen allein schon aus Gründen der Praktikabilität auch in der deutschen Kolonialpolitik ein fester Bestandteil.

Zwei Hauptformen lokaler Verwaltung wurden in Deutsch-Ostafrika praktiziert: Die der sogenannten Akiden und die der lokalen afrikanischen Häuptlinge, letztere wiederum in verschiedenen Ausprägungen (Koponen 1995: 118-129). Akiden waren prinzipiell nicht aus der Gegend, in der sie eingesetzt wurden, und gehörten nicht derselben Ethnie an. Oftmals waren sie „arabischer" Herkunft. Lokale Häuptlinge spielten in der Kolonialpolitik Deutsch-Ostafrikas dort eine große Rolle, wo traditionell zentralisierte, lokale Herrschaft existierte wie im Nordosten der Kolonie (dem heutigen Ruanda und Burundi). In Gegenden, in denen es keine ausgeprägte Zentralherrschaft gab, wurden unterschiedliche Systeme praktiziert. Entweder wurde ein „kleiner" lokaler Häuptling von deutscher Hand zum Verwalter eines wesentlich größeren Gebietes befördert. Oder es wurde nach dem Akidenprinzip ein

Auswärtiger als Häuptling eingesetzt (*ibid.*, 125). Für beide Varianten waren Informationen über indigene Machtstrukturen nötig, in die dann die auswärtigen Akiden bzw. die „kleinen" Machthaber plaziert werden konnten. Stuhlmann formuliert die Wichtigkeit der Kenntnis von Machtstrukturen und Herrschaftsprinzipien so: „Der Offizier im Inneren ... wird bald ein großes Interesse daran finden, die umwohnenden Völkerschaften genau zu beobachten, über die Funktionen und die Machtvollkommenheit ihrer Häuptlinge Notizen zu sammeln" (1894: 864). Und in einer Rückschau auf die Arbeit der „Kaiserlichen Schutztruppe" beschreibt einer ihrer Offiziere, Ernst Nigmann, die praktische Umsetzung dieser Kenntnisse:

Die Aufgaben, die dem Chef einer Verwaltungsstelle im Inneren erwuchsen, waren erdenklich mannigfaltig. Ihm lag die erste Einrichtung des Verwaltungsbetriebes überhaupt ob, die Einsetzung und Ausbildung der farbigen Oberen, soweit es neuer solcher Organe bedurfte, besser noch die geschickte Erziehung der bestehenden farbigen Obrigkeiten zu brauchbaren Organen der deutschen Verwaltung. An den Stellen, wo früher große eingeborene Sultane über weite Länderstrecken geherrscht, verstanden es vielfach die die Regierung verkörpernden Offiziere, allmählich und unmerklich an deren Stelle zu treten; die an das patriarchalisch-persönliche Regiment gewöhnten Eingeborenen sahen in ihnen bald nichts anderes wie ihren früheren Herrscher, und des letzteren Amt und Macht wurde auf sie übertragen. Dies gereichte in den beiden Hauptverwaltungszweigen, dem Rechtspruch und der Steuereinziehung (In den Augen der Neger: Sultanstribut), zu außerordentlichem Vorteil, da es beide Verwaltungszweige als durchaus herkömmlich-berechtigt erscheinen ließ, so daß die Eingeborenen sich willig fügten. (Nigmann 1911, 78)

Unabhängig davon, ob dies nun eine realistische Darstellung oder – wahrscheinlicher – eine Wunschprojektion ist, die Intention wird deutlich. Wichtig festzuhalten sind hier zwei Dinge: Alle Systeme oder Prinzipien repräsentierten bis in die kleinste Ebene dieselben europäischen Herrschaftsvorstellungen, indem sie auf Herrschaft über ein eingegrenztes Territorium und nicht über eine bestimmte Gruppe von Menschen basierten (Koponen 1995: 119). Für die Installation dieser Systeme war die Aufteilung der Bevölkerung in räumlich und ethnisch klar getrennte Gruppen erforderlich. Die administrativen Bezirke waren aber allein schon aufgrund ihrer Größe ethnisch divergent. Koponen zufolge wurde bei der Bestimmung sowohl der äußeren Grenzen als auch der internen Administrativgrenzen zum größten Teil keine Rücksicht auf ethnische Räume genommen. Dies ist prinzipiell und vor allem für die Anfangsjahre richtig und es erschwerte natürlich die administrative

Verwaltung und Kontrolle. Meines Erachtens war dies nicht vorrangig das Ergebnis bewußter deutscher Ignoranz, sondern eher das von Unkenntnis. Die administrativ-politischen Einteilungen wurden, was den ethnographischen Aspekt betrifft, im *trial-and-error*-Versuchsverfahren vorgenommen. Es gab aber auch früh Bestrebungen, ethnische und politisch-administrative Grenzen zu koordinieren. Ich erinnere an den bereits zitierten zweiten Punkt der Luschan'schen „Instruktion" von 1896: „Kartenskizze und Angabe, inwieweit die im Kolonialatlas eingetragenen politischen Grenzen mit den ethnographischen Verhältnissen zu stimmen scheinen (von Luschan 1896: 90). Das Kartenblatt „Muansa" (K14), Teil der Karte „Deutsch-Ostafrika" aus dem *Großer Deutscher Kolonialatlas* von 1911, zeigt dann auch das kartographische Resultat dieser Bemühungen. Vor allem im linken unteren Viertel des Kartenblattes findet sich eine große Übereinstimmung von Bezirks- und Landschaftsgrenzen. Dieses Beispiel zeigt also deutlich, daß ethnographische Grenzziehungen (wie auch immer sie definiert wurden) sehr wohl kolonial-administrativ beachtet wurden. Mir scheint, daß bei der Festlegung der Administrativgrenzen ein Kompromiß zwischen der Orientierung an den Landschaftsgrenzen und administrativ-sinnvollen Bezirken (im Sinne der Größe) gesucht wurde. Wenn aber die Bezirksgrenzen nicht mit Landschaftsgrenzen oder mit topographischen Merkmalen wie Flußläufen korrespondieren, ist es anhand des Kartenmaterials nicht auszumachen, nach welchen Kriterien die Bezirksgrenzen gezogen wurden. Eine Untersuchung dieser Frage muß einer weiteren Arbeit vorbehalten bleiben. Das Kartenblatt „Muansa" von 1911 verdeutlicht noch etwas anderes. Zunächst fällt auf, daß die Unterteilung in Landschaften extrem unterschiedlich ist. In einigen Gebieten, wie beispielsweise entlang der Küste des Viktoria-Sees, sind die Landschaftsabgrenzungen sehr engmaschig, etwas weiter östlich über ein großes Gebiet hinweg hingegen fehlen sie völlig.

Kolonial-ökonomische Interessen

Das zeigt, daß kolonial interessanten Gebieten (z.B. dem landwirtschaftlich günstigen Ufer des Viktoria-Sees) mehr Beachtung geschenkt wurde als den aus kolonialem Blickwinkel weniger günstigen Gebieten (wie der Trockenebene östlich davon) Dieser kolonial-ökonomische Aspekt gilt nicht nur für die Kartierung von „Landschaften", sondern für ethnographische Kartierung allgemein. Max Schoeller bringt dies in der Erinnerung seiner Reisen 1886 und "87 auf den Punkt:

"Mit der Verschiedenheit der Völkerstämme hängt die koloniale Bedeutung der einzelnen Landstriche eng zusammen. Für kolonisatorische Zwecke kommen auf der deutsche Seite des äquatorialen Ostafrika fast lediglich diejenigen Gebiete in Frage, die von Bantu bewohnt sind... In der Heimat der Massai ist auf einen Ertrag nicht zu hoffen." (Schoeller 1901, Bd.1, 237)

Man konnte also von einer ethnographischen Karte sehr einfach und sehr direkt auf kolonial-agrarische Nutzungsmöglichkeiten schließen. Gebiete, in denen Gemeinschaften lebten, die Feldbau betrieben, waren für eine kolonial-agrarische Inwertsetzung nutzbar; Territorien, in denen Nomaden umherzogen, nicht.

In diesem Zusammenhang müssen auch die (wenigen) Karten angesprochen werden, welche die quantitative Bevölkerungsverteilung, die „Volksdichtigkeit" (Baumann 1891, 12) in Deutsch-Ostafrika skizzieren. Franz Stuhlmanns „Ethnographische Übersicht" **(K11)** besitzt eine solche Nebenkarte ebenso wie Oscar Baumanns „Karte des Nord-Östlichen Deutsch-Ostafrika".[97] Information über die Bevölkerungsverteilung waren natürlich von administrativem, aber auch von ökonomischem Interesse. Zum einen brauchten die in zunehmender Zahl eintreffenden deutschen Siedler Arbeitskräfte, zumeist für Plantagenarbeit. Zum anderen gab es auch Überlegungen, die Umsiedlungen betrafen. Stuhlmann schlug vor, dünner besiedelte und „wenig kultivierte" Gebiete durch die Ansiedlung von „fleißigen Wanyamwési-Ackerbauern" zu „begünstigen" (1894b, 866). Entsprechende Umsiedlungen größeren Umfangs haben aber meines Wissens letztlich nie stattgefunden.

Das koloniale Interesse eines sozial geordneten und erfaßbaren Raumes

Bei einem Vergleich der beiden Kartenblätter „Muansa" von 1911 **(K14)** und „Mwánsa" von 1895 **(K6)** bzw. bei einem Vergleich der Räume, die beide Karten überschneidend abbilden, fällt auf, daß einerseits das Prinzip der Landschaften aufrechterhalten wurde. Andererseits wurden Landschaften deutlich anders umgrenzt und oftmals auch neu benannt. Dies ist nicht überraschend, habe ich doch geschildert, wie beiläufig und amateurhaft die ethnographische Erforschung Deutsch-Ostafrikas war und wie willkürlich das „Prinzip Land(schaft)" umgesetzt wurde. Betont habe ich, daß es durchaus viele Beteiligte gab, denen diese Willkürlichkeit bewußt war. Ich habe einige Motive geschildert, warum eine ethnographische Erforschung und Verortung wünschenswert und – trotz der geschilderten Bedenken – auch machbar erschien und warum eine rasche ethnographische Kartierung nötig erschien. Ich möchte nun abschließend verdeutlichen, daß es eine Motivation und auch einen Effekt gab, der allen anderen „praxis-orientierten" Aspekten zugrunde lag: Die kartographische Herstellung eines sozial geordneten und erfaßbaren Raumes. Es ging um die „Erfassung des Raumes", um den Prozeß des „Rahmens" im Sinne Mitchells, einen Prozeß, den ich in Kapitel 2 beschrieben habe. Und es ging um das „Begreifen" der unbekannten afrikanischen Bevölkerung durch Benennung und Verortung. Es ging um einen Prozeß, den Paul Carter „transforming space into an object of knowledge" (1987: 67) nennt. Dieser Prozeß war und ist eine Form der Aneignung von Raum, eine zunächst symbolische Aneignung, die aber eine faktische antizipiert, da der so kartographisch produzierte Raum ja auch in der Regel durch nachfolgendes administratives Handeln sozusagen „bestätigt" wurde.

> „Whatever else it may be, ethnicity, conceived as *practice*, is fundamentally about the power to name others. In colonial Zimbabwe, as indeed in many other parts of the colonized world in this century, the power to name was increasingly bound up with an imaginary knowledge of the relationship between ethnic identities and socio-geographic space... The use of tribal maps to represent relations of political power over social space ... has been an important means through which academic constructs have been used as instruments of colonial domination. By affixing names to discrete territories, such maps served to both encode and represent the implicit, silent vantage point of the colonial state in relation to the subjects over which it presumed or desired to hold authority." (Worby 1994: 371)

Eric Worby beschreibt in einem 1994 erschienenen Artikel das Beispiel der Shangwe im Nordosten Simbabwes (bzw. bis 1980 der britischen Kolonie Süd-Rhodesien). Er analysiert, wie und warum sie in unterschiedlichen historischen Phasen (von ca. 1930 bis heute) unterschiedlich lokalisiert und ethnisch eingeordnet wurden. Worbys Interesse gilt vor allem der Zeit vor und nach dem Zweiten Weltkrieg. Seine Analyse der kolonialpolitischen Qualität ethnographischer Kartierung in diesem Kontext deckt sich präzise mit meiner in Bezug auf Deutsch-Ostafrika und einer früheren kolonialen Phase. Die analytische Übereinstimmung untermauert die Vermutung, daß die koloniale ethnographische Kartierung in der Art, wie von mir geschildert, weder ein spezifisches deutsch-koloniales noch ein zeitspezifisches Phänomen war, sondern eine wesentliche Komponente kolonialer Raumaneignung durch Kartierung generell.

Alle beschriebenen Aspekte, so unterschiedlich sie sind, haben gemein, daß sie mitwirkten, einen spezifisch europäischen und spezifisch kolonialistischen Blickwinkel zu bestimmen. Die aufgezählten Interessen motivierten bestimmte Formen der ethnographischen Kartierung und produzierten damit einen kolonialen Raum, einen Raum, der europäischen Vorstellungen von

Ethnizität, ethnischen Gruppen und Territorialität entsprach, einen Raum, der eine effiziente administrative Kontrolle ermöglichte, einen Raum, der nach kolonisatorischen Zielen im engeren Sinne, für Besiedlung und wirtschaftliche Nutzung, strukturiert wurde, einen Raum, der intellektuell für Forscher, Kolonialbeamte und das interessierte Bürgertum in Deutschland greifbar und überschaubar wurde. Alle beschriebenen Aspekte trugen somit zu einer spezifisch kartographischen Form von kolonialer Raumaneignung bei.

Anmerkungen

46 Einen Beitrag zur Beendigung des Sklavenhandels zu leisten war beispielsweise die Hauptmotivation von David Livingstone, dem vielleicht berühmtesten Afrikareisenden dieser Zeit.
47 Nahezu alle deutschen Afrikareisenden des 19. Jahrhunderts haben auch Publikationen ihrer Reiseberichte hinterlassen. Es würde zu weit führen, diese hier jeweils zu nennen. Gute Bibliographien sind diesbezüglich: Paul Kainbacher, Die Erforschung Afrikas: Die Literatur über Geographie und Reisen vor 1914, Baden: P. Kainbacher 1998, und Andrew D. Roberts, A Bibliography of Primary Sources for Tanzania 1799-1899, o.O. 1974. Cornelia Essner (1985) listet in ihrer „Sozialgeschichte des Reisens" nicht nur die wichtigsten Publikationen deutscher Afrikareisender im 19. Jahrhundert auf, sondern bietet (neben ausgewählten ausführlicheren Biographien) auch eine tabellarische Biographienzusammenfassung von 109 Afrikareisenden an.
48 Vgl. dazu insbesondere Bridges 1987b. Sowohl Roy Bridges als auch Jeffrey Stone haben sich verdienstvoll mit der britischen Produktion von Karten zu Ostafrika im 19. Jahrhundert beschäftigt (Bridges 1987a; 1994; Stone 1988; 1995: Kap. 5).
49 Nachfolgende Ausführungen stützen sich auf Hoffmann & Huschmann 1985.
50 Der Originaltitel lautete „Mittheilungen aus Justus Perthes' Geographischer Anstalt über wichtige Erforschungen auf dem Gesammtgebiete der Geographie von Dr. A. Petermann". Sie war jedoch von Beginn an als „Petermann's Geographische Mittheilungen" bekannt (später orthographisch in „Petermanns Geographische Mitteilungen" geändert). Unter diesem seit 1938 auch offiziellen Titel erscheint sie heute noch.
51 Zur Ethnographie im 19. Jahrhundert vgl. Kramer 1981.
52 Genau genommen entstand die „Afrikanische Gesellschaft" aus einer Fusion der „Deutschen Gesellschaft zur Erforschung des äquatorialen Afrikas" mit dem 1876 gegründeten deutschen „National-Komitee der Association Internationale". Zur Geschichte dieser drei Afrikanischen Gesellschaften siehe Essner 1985: Kap. 3.1.
53 Zeitschrift der Gesellschaft für Erdkunde, 1873, S. 174f.; zit. in Essner 1985: 25.
54 Essner 1985: 25. Der Ansatz Cornelia Essners, die Komplexität der Frage des Verhältnisses deutscher Afrikaforschung und Politik im 19. Jahrhundert aufzuzeigen, ist meiner Ansicht nach sehr gelungen. Sie beleuchtet die Motivation deutscher Afrikareisender, ihre (eventuelle) institutionelle Einbindung und die Finanzierung ihrer Reisen und erstellt sowohl Einzel- als auch eine Kollektivbiographie. Franz-Joseph Schulte-Althoff setzt sich dagegen in seinen „Studien zur politischen Wissenschaftsgeschichte der deutschen Geographien im Zeitalter des Imperialismus" (Univ. Münster, Diss. 1971) weniger mit der politischen Bedeutung von Afrikareisen, sondern mehr mit der institutionalisierten wissenschaftlichen Geographie im Deutschland des ausgehenden 19. Jahrhunderts auseinander.
55 Der folgende Abschnitt bezieht sich im wesentlichen auf die diesbezüglichen Kapitel in Iliffe 1979 (Kap. 4) und Koponen 1994 (Kap. 2 und 3).

56	Koponen 1994: 55-61. Koponen übernimmt die innenpolitische Begründung für Bismarcks Sinneswandel im wesentlichen aus Hans-Ulrich Wehler, Bismarck und der Imperialismus, Frankfurt a.M.: Suhrkamp 1984.
57	Von 1907 bis zu ihrer Einstellung 1929 wurde sie unter dem Titel „Mitteilungen aus den deutschen Schutzgebieten" veröffentlicht.
58	Siehe dazu das Kapitel „Wasser" in: Simon Schama, Der Traum von der Wildnis: Natur als Imagination, München: Kindler 1996.
59	Ein Aspekt, den Mary Louise Pratt in ihrer Arbeit „Imperial Eyes: Travel Writing and Transculturation" (London/New York: Routledge 1992) anspricht.
60	Für eine Besprechung und Wiedergabe zweier Karten von Speke und Grant siehe Bridges 1994.
61	Alle Seen der ostafrikanischen Seenkette wurden in dieser Vorstellung in einem See vereint.
62	Siehe dazu Egon Klemps (1968) schöne Zusammenstellung von 77 Afrikakarten aus dem 12. bis 18. Jahrhundert.
63	Diese Motivation, den *legitimate trade* in Afrika anzukurbeln, war auch Livingstones primäre Motivation bei seiner obsessiven Suche nach schiffbaren Wasserwegen.
64	Alle Zitate in Erhardt 1856: 26.
65	Über die Gründe, warum das Reichskolonialamt dem Dietrich Reimer Verlag den Vorzug gegenüber dem Justus Perthes Verlag gab, kann ich nur spekulieren. Der Perthes Verlag hatte die größere kartographische Abteilung und verfügte dank der bereits 35-jährigen Laufzeit der PGM über das ausgiebigere Quellenmaterial (Obst 1921: 101). Allerdings basierte das Renommee der Kartenabteilung auf der Person August Petermanns. Petermann war aber bereits 1878 gestorben, und einen Nachfolger mit ähnlich gutem Ruf gab es nicht. (Heinrich Kiepert war zwar 1890 auch schon 82 Jahre alt, doch mit seinem Sohn und Schüler Richard stand schon der potentielle Nachfolger bereit.) Das noch wichtigere Argument bei der Entscheidung war aber vermutlich der Berliner Standort des Reimer Verlages und damit die geographische Nähe zum Reichskolonialamt, sicherlich unterstützt durch persönliche Kontakte, die aufgrund der Nähe bereits bestanden. Diese Meinung vertritt auch Erich Obst (1921: 101). Zu einer nennenswerten Zusammenarbeit zwischen Gotha und Berlin ist es nie gekommen. Als einziges größeres kolonialkartographisches Werk produzierte Perthes den „Deutschen Kolonialatlas" von Paul Langhans (1893-1897).
66	Wenn Kurt Brunner (1990: 50) konstatiert, „die Kartenaufnahme in den deutschen Schutzgebieten erfolgte bis 1914 fast ausschließlich durch Forschungsreisende", so ist dies nachweislich falsch. (So wie leider der Großteil der ohnehin spärlichen Literatur über die Kartierung Deutsch-Ostafrikas und anderer deutscher Kolonialgebiete, ausgenommen Demhardts sorgfältiger „Entschleierung Afrikas" (2000), oberflächlich und mit Fehlern behaftet ist). Ein Blick in die beiden oben genannten Zeitschriften genügt, um zu erkennen, daß viele der Informationen, die sich später in den Karten wiederfinden lassen, von dort stationierten Beamten und Soldaten gesammelt bzw. produziert wurden.
67	Bei der Triangulation wird der zu messende Raum mit einem regelmäßigen Dreiecksnetz zwischen sogenannten trigonometrischen Punkten „verspannt". Den Verlauf und die kolonialpolitische Machtkomponente der Triangulation in der britischen Kolonie Indien beschreibt und analysiert ausführlich: Matthew Edney, Mapping an Empire, 1997. Von den deutschen Kolonien wurde lediglich in Deutsch-Südwestafrika durch Meßtrupps der preußischen Landesaufnahme eine systematische Triangulation ausgeführt (Sprigade & Moisel 1914: 535).
68	Major Freiherr von Sonnenburg auf der Hauptversammlung der Deutschen Kolonial-Gesellschaft, 1. und 2. Juni 1900; in BArchB 1001/6652, S. 80.
69	Zeitungsausschnitt mit dem handschriftlich zugefügtem Datum 12. Juni 1895 in BArchB 1001/309, S. 68.
70	Um diesem interessanten Phänomen gerecht zu werden, bedürften meine flüchtigen Überlegungen einer ausführlichen Ausarbeitung, die jedoch einer nachfolgenden Arbeit vorbehalten bleibt.
71	Im besonderen beziehe ich mich auf das Kapitel 22: „Anthropogeographische Klassifikationen und Karten" im zweiten Teil seiner „Anthropogeographie" von 1912 [Erstausg. 1891]. Es

ist im übrigen nicht ungewöhnlich, daß Geographen wie Ratzel sich auch um 1900 noch zu ausgiebigen Überlegungen zu Fragen der Völkerkunde und ethnographischen Karten veranlaßt fühlten und viele Geographen ethnographische Studien betrieben. Die Völkerkunde hatte sich erst gegen Ende des 19. Jahrhunderts als eigene Wissenschaft ausgebildet und wurde davor zum Aufgabenfeld der Geographie gerechnet.

72 Für einen kurzen Lebenslauf siehe Reckziegel 1985.
73 Dies ist ein Teil des Untertitels des Atlasses. Die „Abtheilungen" sind „Meteorologie und Klimatographie", „Hydrologie und Hydrogeographie", „Geologie", „Tellurischer Magnetismus, „Botanische Geographie", „Geographie der Thiere" und zuletzt „Anthropographie" und „Ethnographie".
74 Auch neuere Karten benutzen zuweilen immer noch diese Prinzip wie „The Cultural Map of Africa", (1976, 1:20.000.000, 75x100 cm, illustr. von David Brogan, Edinburgh: Bartholomew). In Analogie zu beiden vorgestellten Karten befinden sich, gruppiert um eine politische Karte Afrikas, Zeichnungen von je einem Mitglied von ca. 25 „tribes" und eine kurze Beschreibung von historischen, agrarischen und äußerlichen Charakteristiken (Schmuck). Verortet werden sie vage und nur schriftlich.
75 Berghaus 1850: 5. In diesen „Grundlinien" widmet er sich auch einer „Beschreibung der Sitten und Gebräuche aller Völker" (worunter u.a. Ernährungsgewohnheiten, Kindererziehung und Rechtspflege gehören), doch der Versuch einer Kartierung im engen Sinne findet nicht statt.
76 Siehe Rottland (1996), der dies am Begriff der ‚Hamiten' beschreibt.
77 Ich möchte damit nicht sagen, daß die darstellten Informationen eine historische Richtigkeit besitzen. Dies zu bewerten bedürfte einer genaueren Untersuchung. Ich möchte nur ausdrükken, daß ihre kartographische Repräsentation als solche in dieser Karte sinnvoll und verständlich ist.
78 Das Habilitationsthema des bekannten Völkerkundlers Karl Weule lautete „Der afrikanische Pfeil", und Friedrich Ratzel schrieb eine vielbeachtete Arbeit über „Die afrikanischen Bögen, ihre Verbreitung und Verwandtschaften"; siehe Aas 1991: 45 (Fußnote 3).
79 Luig & von Oppen 1997: 10f. Ute Luig und Achim von Oppen geben komprimierte und sehr anschauliche Zusammenfassungen von der Verwendung des Landschaftsbegriffes in der europäischen Geschichte einerseits und dem ‚Import" europäischer Landschaftskonzepte nach Afrika und den darauffolgenden afrikanischen Reaktionen andererseits.
80 Hans Bobek & Josef Schmithüsen, Die Landschaft im logischen System der Geographie. In: Erdkunde, 3 (1949), S. 114; zit. in: Leser (1980: 37). Dieses Zitat stammt zwar aus dem Jahre 1949, spiegelt aber den „Landes"-Begriff um 1900 hervorragend wieder.
81 Noyes Wortwahl lautet: „casual, diverse and amateur" (1994: 237).
82 Essner 1985: 61 und 185-209. Essner bezieht sich dabei auf deutsche Reisende in ganz Afrika und auf das gesamte 19. Jahrhundert. Allerdings reisten die meisten genannten Personen zwischen 1880 und 1900 und eine sehr große Anzahl auch in Deutsch-Ostafrika. Deshalb halte ich eine Übertragung der Aussagen auf den Kontext Deutsch-Ostafrikas für möglich und sinnvoll.
83 Alle biographischen Angaben habe ich Essners Arbeit (1985: 88f) entnommen.
84 So berichtet das „Deutsche Kolonialblatt" 1892 bezüglich von Stuhlmann an das Kolonialkartographische Institut gelieferten „kartographische[n] Material[s]": „Die ganze Route von Muansa bis Bagamoyo ist außerdem täglich am Schluß des Marsches in provisorischer Weise selbst vom Reisenden frisch aus der Erinnerung niedergelegt und auf 46 Blättern im Maßstab 1 Marschminute gleich 1 mm in sauberster Ausführung gezeichnet. Diese Blätter aneinander gelegt, würden eine Länge von etwa 12 m einnehmen" (anonym 1892: 607).
85 Siehe den Artikel „Zur Rezeption der Völkerausstellungen um 1900" von Stefan Goldmann in dem reich illustrierten Ausstellungskatalog „Exotische Welten – Europäische Phantasien", Stuttgart: Edition Cantz1987.
86 „Wir müssen das ganze Land zunächst kartographisch aufnehmen... Jeder Offizier und Beamte, der nur einen Schritt im Innern thut, sollte dienstlich verpflichtet werden, die Gegend kartographisch mit Uhr und Kompass festzulegen" (Stuhlmann 1894b, 863).

87 „Er [der Offizier oder Beamte] kann durch seine Notizen der Völkerkunde sehr viele Dienste erweisen" (Stuhlmann 1894b, 864).
88 Der Abschnitt zu „Der Beobachter" lehnt sich an Essners (1985: 37-42) Ausführungen an.
89 Zit. in Essner 1985: 42.
90 Es gibt durchaus Beispiele, in denen Afrikaner bereits im 18. Jahrhundert zwei-dimensional abstrahierte Karten anfertigten, dann aber zumeist auf Aufforderung von europäischen Reisenden. Diese Beispiele zeigen im übrigen, daß Afrikaner, entgegen einer immer noch vertretenen These, auch vor der europäischen Einflußnahme in der Hochkolonialphase das räumliche Vorstellungs- und Abstraktionsvermögen und die notwendigen Zeichensysteme besaßen, um zwei-dimensional abstrahierte Karten mehr oder weniger spontan anzufertigen. Und offensichtlich hatten auch – zumindest in den von Bassett geschilderten Beispielen – die europäischen Auftraggeber wenig Schwierigkeiten, diese Karten zu lesen (Bassett 1998: 33-37).
91 Ein sehr markantes und bekanntes Beispiel ist die *lukasa* der Luba, ein mit Perlen und Muscheln besetztes Holzbrett, welches je nach Lesart und Kontext als Geschichtsbuch, Charta und auch als (Land-) Karte genutzt werden kann; vgl. dazu, neben Bassett 1998, Arbeiten von Mary Nooter-Roberts.
92 Das Zitat befindet sich auf Seite 6 des Textes zur ersten Kartenversion (1895).
93 Weule 1897: 375. Diese Aussage bezieht sich auf seine Beobachtungen im Südosten Deutsch-Ostafrikas. Mit den „verschiedenen Umständen" spricht er, wie er später ausführt, vor allem den Brandrodungsfeldbau und die Angriffe feindlicher Gruppen an.
94 Kulturgeschichte Afrikas, Frankfurt a.M. 1933, S. 70; zit. in: Gothsch (1983: 96)
95 Genau genommen zitiert Noyes Frobenius nicht direkt, sondern übernimmt die Darstellung von Frobenius' Ideen von Gothsch (1983: 70-104).
96 Die in den Jahrzehnten zuvor weit verbreitete ‚Hamitentheorie' führte allen kulturellen ‚Fortschritt' in Schwarzafrika auf den Einfluß von aus Nordafrika und dem arabischen Raum eingewanderten höher entwickelten, hamitischen Nomadenvölkern zurück. Zu Frobenius' Verwendung des Hamiten-Begriffs siehe Rottland (1996).
97 Eine weitere Nebenkarte der letzteren ist die „Ethnographische Übersichts-Karte"(K13). Baumann beschreibt auch anschaulich die Problematik der Zählungs- bzw. Schätzungsmethoden (1891: 12-15).

Schlußbetrachtung

Die vorgenommene Dekonstruktion der ethnographischen Kartierung Deutsch-Ostafrikas ermöglicht es, die Position ethnographischer Karten im Spannungsfeld wissenschaftlicher, kolonialpolitischer und individueller Interessen zu erkennen und zu bewerten. Wie deutlich geworden ist, besteht dabei der dekonstruktive Ansatz, so wie ich ihn verstehe und verwende, nicht so sehr in einer eigenen Methodik im strengen Sinne, sondern mehr hinsichtlich der Zielsetzung: In der gezielten Suche und Freilegung versteckter und widersprüchlicher Aussageebenen, in einem Zwischen-den-Zeilen-Lesen der offensichtlichen und vermeintlich objektiven Ebene.

Mein Ausgangspunkt bei der Auseinandersetzung mit den ausgewählten Karten war die Annahme, daß ethnographische Karten (und die ethnographischen Inhalte anderer Karten) grundsätzlich nicht als objektive räumliche Verteilung verschiedener ethnischer Gruppen angesehen werden sollten, sondern als Versuche, methodische Konzepte von Ethnizität und ethnischer Gruppenzugehörigkeit über einen bestimmten Raum zu stülpen. Diese Aussage ist naheliegend und schlüssig angesichts der heute akzeptierten (und von mir diskutierten) Interpretation von ethnischer Identität als sozialer Konstruktion und der damit verbundenen relativen Willkürlichkeit ethnographischer Klassifizierung. Was mich dabei im besonderen interessiert hat, waren die Fragen, welche Personen und Institutionen mit welcher Motivation an der ethnographischen Kartierung beteiligt waren und welchen Effekt, welche Wirkung die Karten auf den Betrachter hatten (und haben). Mein Ziel bei der Beantwortung dieser Fragen war es, die Position ethnographischer Karten im Machtfeld kolonialer Interessen zu erkennen und zu bewerten, und zu veranschaulichen, in welcher Form die ethnographische Kartierung Deutsch-Ostafrikas an dem Prozeß beteiligt war, den ich die „Produktion von kolonialem Raum" genannt habe.

Bei dem Prozeß der Produktion von Raum bin ich von dem Konzept einer sozial-produzierten Räumlichkeit ausgegangen. Raum ist nicht mehr eine neutrale und statische Bühne für menschliche Aktivitäten; Raum ist sowohl Basis als auch Medium sowie Produkt von sozialen Prozessen. Die „Produktion" findet dabei zunächst einmal auf der Ebene des Bewußtseins statt. Raum, verstanden als Organisationsform sozialen Lebens, manifestiert sich aber auch durch sichtbare, erfahrbare Konsequenzen. Dabei existiert Raum bzw. existieren spezifische Räume niemals aus sich selbst heraus. Sie werden ständig produziert und reproduziert. Bei der Betrachtung von kolonialen Räumen wird deutlich, wie zentral dabei der Aspekt der Machtverhältnisse ist. Die Produktion von kolonialem Raum bzw. kolonialen Räumen basiert im wesentlichen auf der Absolutsetzung eines spezifisch europäischen Blickwinkels auf außereuropäische Räume, auf der Durchsetzung eurozentrischer Konzepte und Modelle von Geschichte und Geographie. Karten und Kartierung kommt dabei eine besondere und meines Erachtens bislang unterschätzte Bedeutung zu. Indem bei der Kartenproduktion Informationen selektiert und hierarchisiert werden, geben die Karten einen bzw. einige wenige von fast unendlich vielen Blickwinkeln auf den abgebildeten Raum vor. So produzieren Karten den Raum, den sie abbilden. Ihr Machtpotential und ihre Effektivität für die Produktion von Raum gewinnen Karten dadurch, daß – im westlichen Kulturverständnis – ihre Subjektivität und ihre konnotativen Bedeutungsebenen verborgen bleiben und sie grundsätzlich, d.h. wenn sie nicht mißbraucht werden, als objektiv und neutral angesehen werden. Dieser fest im Prozeß der Kartierung verankerte Aspekt der autoritären Festschreibung macht gerade Karten zu einem sinnvollen Objekt einer Dekonstruktion.

Ethnographische Kartierung war, zumindest scheinbar, nicht mehr als eine Randfacette kolonialer Kartierung. Die topographische Aufnahme der 1891 nominell gegründeten Kolonie Deutsch-Ostafrika stand bei der Kartierung im Vordergrund. Andererseits lassen sich sowohl in fast allen Reiseberichten und Forschungsbeiträgen und vor allem in nahezu allen Karten Deutsch-Ostafrikas ethnographische Informationen finden, – sowohl in den dezidiert „ethnographischen Karten" als auch in den primär topographischen Karten. Ethnographische Kartierung erfolgte also regelmäßig und beständig und war damit ein wichtiger Faktor innerhalb der Kartierung Deutsch-Ostafrikas. Dominante Konzepte der ethnographischen Klassifizierung und Verortung waren dabei zum einen die Unterteilung in biologisch und linguistisch definierte „Rassen", „Völker", „Stämme" und „Sprachfamilien", zum anderen die Unterteilung in geographisch definierte „Länder" und „Landschaften". Das die wissenschaftliche Geographie um 1900 prägende Paradigma der Länderkunde gab die idiographische Betrachtung von „Ländern" und „Landschaften" als diskret begrenzbare und in ihrer Geschichte und spezifischen Lage individuelle Teilräume der Erdoberfläche vor. Im wissenschaftlichen Kontext der Zeit war es durchaus naheliegend und folgerichtig, die Herder'sche Idee der „natürlichen" Verbindung einer stabilen sozialen Gemeinschaft, eines „Stammes", mit „ihrem" Territorium mit der Idee der klar begrenzbaren, individuellen Raumeinheiten, der „Länder", zu verbinden. Auch die Möglichkeit, die Wohnsitze und die angenommenen Einflußgebiete von „Häuptlingen" zu kartieren, wurde genutzt.

Die Motive der Forschungsreisenden, Missionare und Kolonialbeamten, die in Deutsch-Ostafrika an der Gewinnung kartographisch-relevanter ethnographischer Informationen beteiligt waren, sowie der professionellen Kartographen, die diese Informationen kartographisch „übersetzten" und die Karten erstellten, waren durchaus unterschiedlich. Es gab persönliche Motive der „Amateur-Ethnographen", wie das individuelle wissenschaftliche Interesse, das persönliche Sicherheitsinteresse und die Ethnographie als Finanzquelle. Es gab das wissenschaftliche Interesse: Ausgehend von der Theorie des Naturdeterminismus, wonach Menschen stark von ihrer natürlichen Umwelt geprägt werden, war es wissenschaftlich von Wert, gerade die „Naturvölker" zu verorten und zu untersuchen. Und es gab das kolonialpolitische Interesse einer effizienten territorialen Verwaltung. Alle Formen der territorialen Verwaltung Deutsch-Ostafrikas basierten bis in die kleinste Ebene auf denselben europäischen Vorstellungen von Herrschaft über ein eingegrenztes Territorium und nicht über eine bestimmte Gruppe von Menschen. Für die Installation dieser Herrschaft war die Aufteilung der Bevölkerung in räumlich und ethnisch klar getrennte Gruppen erforderlich.

Wissenschaftliche, politische und persönliche Motive haben einander also nicht widersprochen, sondern im Gegenteil ergänzt. Eine Diskussion, inwieweit ethnographische Kartierung *unmittelbar* koloniale Zwecke verfolgte, erscheint daher müßig. So unterschiedlich die Motive der Kartierung aber waren und so unterschiedlich die beschriebenen und in den Kartenbeispielen nachvollziehbaren Formen der ethnographischen Karten waren, alle hatten den gleichen Effekt: Ein sozial überschaubarer und (vermeintlich) kontrollierbarer Raum wurde produziert, die Bewohner des Raumes bzw. der Räume wurden benannt, politisch und geographisch verortet, d.h. einem Herrscher und/oder einem „Land", einer begrenzten Region, zugeordnet. Ethnische Entitäten wurden akademisch und ethnographisch konstruiert und mittels Kartierung verortet, um Wissen und damit Kontrolle über die Bevölkerung darzustellen bzw. zu suggerieren.

Ethnographische Karten waren auch in dem Sinne ein Mittel der Macht, als sie der indigenen Bevölkerung den Raum durch die Kartierung bzw. das nachfolgende Handeln entfremdeten. Die betroffenen Afrikaner lebten deutlich andere Konzepte von Ethnizität und von Territorium. Vorkoloniale Gesellschaften Afrikas waren durch Mobilität, multiple Gruppenmitgliedschaften und kontextabhängige Grenzziehungen charakterisiert. Die Komplexität dieser Konzepte wurde von den europäischen Missionaren, Forschungsreisenden, Kolonialbeamten, die ethnographisch tätig waren, zumindest teilweise durchaus erfaßt. Kartographisch berücksichtigt wurden die lokalen Konzepte aber nicht, da sie sowohl allen wissenschaftlichen und politischen Klassifizierungs- und Verortungskonzepten wie auch den kartographischen Konventionen zuwiderliefen.

Bibliographie

Archivmaterial

Bundesarchiv Berlin, Akten des Reichskolonialamtes:

BArchB, R 1001/309: „Herausgabe der Karte von Deutsch-Ostafrika und Usaramo Ulugura", Bd. 1 (Okt. 1893 - Mai 1897)

BArchB, R 1001/310: „Herausgabe der Karte von Deutsch-Ostafrika und Usaramo Ulugura", Bd. 2 (Juli 1897 - Mai 1911)

BArchB, R 1001/6652: „Geographie und Kartographie in den Schutzgebieten" (Febr. 1891-Dez. 1909)

Literatur

Aas, Norbert, 1991: Karl Weules „Ostafrikanische Eingeborenen-Zeichnungen" - mit anderen Augen gesehen. In: kea - Zeitschrift für Kulturwissenschaften, 2, S. 45-55.

Anderson, Benedict, 1988: Die Erfindung der Nation: Zur Karriere eines erfolgreichen Konzeptes. Frankfurt a.M./New York: Campus Verlag (Reihe Campus, 1018).

Andrews, J[ohn] H., 1994: Meaning, Knowledge and Power in the Map Philosophy of J. B. Harley. Dublin: Dept. of Geography, Trinity College Dublin (=Trinity Papers in Geography, 6).

anonym, 1892: Das von Dr. R. [sic] Stuhlmann eingelieferte kartographische Material. In: Deutsches Kolonialblatt, 3, S. 607-608.

Arens, William, 1978: Changing patterns of ethnic identity and prestige in East Africa. In: Regina E. Holloman & Serghei A. Arutiunov (Hg.), Perspectives on Ethnicity. Den Haag/ Paris: Mouton, S. 211-220.

Atlas vorkolonialer Gesellschaften: Kulturelles Erbe und Sozialstrukturen der Staaten Afrikas, Asiens und Melanesiens, 1999: Buch und CD-Rom. Von Hans-Peter Müller, Claudia Kock Marti, Eva Seiler Schiedt und Brigitte Arpagaus. Zürich: Ethnologisches Institut der Universität Zürich / Berlin: Reimer.

Baldauf, Anette, 1997: Identität verräumlichen und Raum identifizieren: Mit Derrida gegen die Illusion einer „sauberen Kartierung". In: Atlas Mapping: Künstler als Kartographen, Kartographie als Kultur. Katalog zur gleichnamigen Ausstellung (Offenes Kulturhaus Linz, Juni-Juli 1997; Kunsthaus Bregenz, Feb.-April 1998), hg. von Paolo Bianchi & Sabine Folie, Wien: Turia & Kant, S. 141-149.

Banks, Marcus, 1996: Ethnicity: Anthropological Constructions. London/New York: Routledge.

Barth, Fredrik, 1996 [1969]: Ethnic Groups and Boundaries. In: Werner Sollers (Hg.), Theories of Ethnicity: A Classical Reader. Houndmills/London: Macmillan, S. 294-324. [orig.: Introduction. In: *idem* (Hg.), 1969, Ethnic Groups and Boundaries. The Social Organization of Culture Difference. Bergen/Oslo: Universitetsforlag, S. 9-38.]

Bassett, Thomas J., 1994: Cartography and empire building in nineteenth-century West Africa. In: The Geographical Review, 84, S. 316-335.

– 1998: Indigenous mapmaking in intertropical Africa. In: David Woodward & G. Malcolm Lewis (Hg.), Cartography in the Traditional African, American, Arctic, Australian, and Pacific Societies. Chicago/London: University of Chicago Press (=The History of Cartography, Bd. 2, Buch 3), S. 24-50.

– & Philip W. Porter, 1991: „From the best authorities": the Mountains of Kong in the cartography of West Africa. In: Journal of African History, 32, S. 367-413.

Baumann, Oscar, 1891: Usambara und seine Nachbargebiete: Allgemeine Darstellung des nordöstlichen Deutsch-Ostafrika und seiner Bewohner aufgrund einer im Auftrage der Deutsch-Ostafrikanischen Gesellschaft im Jahre 1890 ausgeführten Reise. Berlin: Dietrich Reimer Verlag.

– 1894: Topographische Aufnahmen auf Reisen. In: Mittheilungen von Forschungsreisenden und Gelehrten aus den deutschen Schutzgebieten, 7, S. 1-14.

Belyea, Barbara, 1992: Images of Power: Derrida/Foucault/Harley. In: Cartographica, 29/2, S. 1-9.

Berghaus, Heinrich, 1850: Grundlinien der Ethnographie: Enthaltend in zwei Abteilungen eine allgemeine Völkertafel oder Nachweisung aller Völker des Erdbodens, nach Sprachstämmen und Sprachfamilien ethnographisch und geographisch geordnet; und eine vergleichende, übersichtliche Beschreibung ihrer Sitten, Gebräuche und Gewohnheiten. Stuttgart: Verlags-Bureau.

– 1852a: Allgemeiner ethnographischer Atlas oder Atlas der Völker-Kunde. VIII. Abtheilung in *idem*, 1849-1852, Berghaus' physikalischer Hand-Atlas. 2. Aufl., Gotha: Justus Perthes.

– 1852b: Allgemeiner anthropographischer Atlas. VII. Abtheilung in *idem*, 1849-1852, Berghaus' physikalischer Hand-Atlas. 2. Aufl., Gotha: Justus Perthes.

Bersina, Maja, 1982: Ethnische Territorien, ethnische Grenzen und ihre Kartierung. In: Ethnische Geographie und Kartographie. Hg. von der Redaktion Gesellschaftswissenschaften und Gegenwart, Moskau: Akademie der Wissenschaften der UdSSR (=Sowjetische ethnographische Forschungen). S. 106-147.

Black, Jeremy, 1997: Maps and Politics. London: Reaktion Books (=Picturing History Series).

Bridges, Roy C., 1987a: Nineteenth-century East African travel records, with an appendix on „armchair geographers" and cartography. In: Paideuma, 33, S. 179-196.

– 1987b: Nineteenth century exploration and mapping: the role of the Royal Geographic Society. In: Patricia M. Larby (Hg.), Maps and Mapping of Africa. London, S. 9-13.

– 1994: Maps of East Africa in the nineteenth century. In: Jeffrey C. Stone (Hg.), Maps and Africa: Proceedings of a Colloquium at the University of Aberdeen, April 1993. Aberdeen: Aberdeen University African Studies Group, S. 12-31.

Brunner, Kurt, 1990: Karten Ostafrikas um die Jahrhundertwende: Ein Beitrag zur Kolonialkartographie. In: Lindgren, Uta (Hg.), Kartographie und Staat. München: Institut für Geschichte der Naturwissenschaften (=Interdisziplinäre Beiträge zur Kartographiegeschichte), S. 47-53.

Casimir, Michael J., 1992: The dimensions of territoriality: An introduction. In: Michael J. Casimir & Aparna Rao (Hg.), Mobility and Territoriality: Social and Spatial Boundaries among Foragers, Fishers, Pastoralists and Peripatetics. New York/Oxford: Berg, S. 1-26.

Carter, Paul, 1987: The Road to Botany Bay: An Essay in Spatial History. London/Boston: Faber and Faber.

Chapman, Malcolm, Maryon McDonald & Elizabeth Tonkin, 1989: Introduction: History and social anthropology. In: Elizabeth Tonkin, Maryon McDonald & Malcolm Chapman (Hg.), History and Ethnicity. London/New York: Routledge (ASA Monographs, 27), S. 1-21.

Cohen, Ronald, 1978: Ethnicity: Problem and focus in anthropology. In: Annual Review of Anthropology, 7, S. 279-403.

Cosgrove, Denis, 1999a: Introduction: mapping meaning. In: *idem* (Hg.), Mappings. London: Reaktion Books, S. 1-23.
– (Hg.), 1999b: Mappings. London: Reaktion Books (=Critical Views).

Dahlerup, Pil, 1998: Dekonstruktion: Die Literaturtheorie der 1990er. Aus dem Dän. von Barbara Sabel, Berlin/New York: de Gruyter (=Sammlung Göschen, 2813).

Demhardt, Imre Joseph, 2000: Die Entschleierung Afrikas: Deutsche Kartenbeiträge von August Petermann bis zum Kolonialkartographischen Institut. Gotha/ Stuttgart: Klett-Perthes.

Eagleton, Terry, 1986: Against the Grain: Essays 1975-1985. London: Verso.

Edney, Matthew H., 1993: Cartography without progress: Reinterpreting the nature of historical development of mapmaking. In: Cartographica, 33/1, S. 54-68.
– 1996: Theory and the history of cartography. In: Imago Mundi, 48, S. 185-191.
– 1997: Mapping an Empire: The Geographical Construction of British India, 1765-1843. Chicago/ London: University of Chicago Press.

Elwert, Georg, 1989: Nationalismus und Ethnizität: Über die Bildung von Wir-Gruppen. In: Kölner Zeitschrift für Soziologie und Sozialpsychologie, 41, S. 440-464.

Erhardt, Jakob, 1856: J. Erhardt's Mémoire zur Erläuterung der von ihm und J. Rebmann zusammengestellten Karte von Ost- und Central-Afrika, nebst Bemerkungen von W. D. Cooley und A. Petermann. In: Petermanns Geographische Mitteilungen, 2, S. 19-32.

Essner, Cornelia, 1985: Deutsche Afrikareisende im neunzehnten Jahrhundert: Zur Sozialgeschichte des Reisens. Stuttgart: Steiner Verlag (=Beiträge zur Kolonial- und Überseegeschichte, 32).

Förster, Brix, 1890: Deutsch-Ostafrika: Geographie und Geschichte der Colonie. Leipzig: Brockhaus.

Freitag, Ulrich, 1999: Heinrich Kieperts kartographische Leistung / Kiepert in Berlin: Zwei Miniaturen. Berlin: Institut für Geographische Wissenschaften, Freie Universität Berlin (=Berliner Manuskripte zur Kartographie).

Gothsch, Manfred, 1983: Die deutsche Völkerkunde und ihr Verhältnis zum Kolonialismus: Ein Beitrag zur kolonialideologischen und kolonialpraktischen Bedeutung der deutschen Völkerkunde in der Zeit von 1870-1975. Baden-Baden: Nomos (=Veröffentlichungen aus dem Institut für Internationale Angelegenheiten der Universität Hamburg, 13).

Gregory, Derek, 1994a: Geographical Imagination. In: R. J.Johnston, Derek Gregory & David M. Smith (Hg.), The Dictionary of Human Geography. 3. Aufl., Cambridge MA/ Oxford: Blackwell, S. 217-218.

– 1994b: Geographical Imaginations. Cambridge MA/Oxford: Blackwell.

– 1998a: Power, knowledge and geography. In: *idem*, Explorations in Critical Human Geography. Heidelberg: Selbstverlag des Geographischen Instituts der Universität Heidelberg (=Hettner-Lectures, 1), S. 9-44.

– 1998b: The geographical discourse of modernity. In: *idem*, Explorations in Critical Human Geography. Heidelberg: Selbstverlag des Geographischen Instituts der Universität Heidelberg (=Hettner-Lectures, 1), S. 45-70.

Hackstein, Katharina, 1991: Situative Ethnizität und das Kartieren ethnischer Gruppen im Vorderen Orient. In: Von der Quelle zur Karte. Abschlussbuch des Sonderforschungsbereichs Tübinger Atlas des Vorderen Orients/DFG. Hg. von Wolfgang Röllig. Weinheim [u.a.]: VCH, S. 217-227.

Harding, Leonard, 1994: Einführung in das Studium der Afrikanischen Geschichte. 2., überarb. Aufl., Münster/Hamburg: Lit Verlag (=Studien zur afrikanischen Geschichte, 4).

Harley, J. B(rian), 1988a: Silences and secrecy: the hidden agenda of cartography in early modern Europe. In: Imago Mundi, 40, S. 57-76.

– 1988b: Maps, knowledge, and power. In: Denis Cosgrove & Stephen Daniels (Hg.), The Iconography of Landscape: Essays on the Symbolic Representation, Design and Use of Past Environments. Cambridge: Cambridge University Press, S. 277-312.

– 1989: Deconstructing the map. In: Cartographica, 26/2, S. 1-20.

– 1990: Cartography, ethics and social theory. In: Cartographica, 27/2, S. 1-23.

– & David Woodward (Hg.), 1987: Cartography in Prehistoric, Ancient, and Medieval Europe and the Mediterranean. Chicago/London: University of Chicago Press (=The History of Cartography, 1).

Heinz, Marco, 1993: Ethnizität und ethnische Identität: Eine Begriffsgeschichte. Bonn: Holos Verlag (=Mundus-Reihe Ethnologie, 72) (zugl.: Bonn, Univ., Diss., 1993).

Henderson, W. O., 1965: German East Africa, 1884-1918. In: History of East Africa, hg. von Vincent Harlow, E.M. Chilver & Alison Smith. Oxford: Clarendon Press, S. 123-162.

Hoffmann, Mathias & Rainer Huschmann, 1985: August Heinrich Petermann - Eine neue Ära beginnt. In: Gottfried Suchy (Hg.), Gothaer Geographen und Kartographen: Beiträge zur Geschichte der Geographie und Kartographie. Gotha: VEB Hermann Haack, Geographisch-Kartographische Anstalt (=Geographische Bausteine, NR 26), S. 77-84.

Hoyler, Michael (Hg.), 1998: Discussing imaginative geography: Derek Gregory on representation, modernity and space. In: Derek Gregory, Explorations in Critical Human Geography. Heidelberg: Selbstverlag des Geographischen Instituts der Universität Heidelberg (=Hettner-Lectures, 1), S. 71-112.

Huebner, R. F. Paul, 1947: Erinnerungen an Britisch-Ostafrika 1894-1913. In: Herward Sieberg (Hg.), 1998, Zeitenumbruch in Ostafrika. Sansibar, Kenia und Uganda (1894-1913): Erinnerungen des Kaufmanns R. F. Paul Huebner. Hildesheim: Universitätsbibliothek Hildesheim (=Hildesheimer Universitätsschriften, 3), S. 54-315.

Iliffe, John, 1979: A Modern History of Tanganyika. Cambridge: Cambridge University Press (=African studies series, 25).

Jacob, Christian, 1996: Toward a cultural history of cartography. In: Imago Mundi, 48, S. 191-198.

James, Wendy, 1988: The naming of places on African maps. In: Journal of the Anthropological Society of Oxford, 19, S. 181-187.

Jordan, Peter, 1999: Können ethnische Karten objektiv sein? Möglichkeiten und Grenzen der Darstellung ethnischer Strukturen in Karten. In: Ingrid Kretschmer & Karel Kriz (Hg.), 25 Jahre Studienzweig Kartographie. Wien: Institut für Geographie der Universität Wien (=Wiener Schriften zur Geographie und Kartographie, 12), S. 120-127.

Kaltbrunner, David & Emil Kollbrunner, 1882: Der Beobachter: Allgemeine Anleitung zu Beobachtungen über Land und Leute für Touristen, Exkursionisten und Forschungsreisende. Zürich: Wurster.

Klemp, Egon (Bearb.), 1968: Africa on maps dating from the twelfth to the eighteenth century. Stuttgart: Kunst und Wissen.

Koponen, Juhani, 1995: Development for Exploitation: German Colonial Policies in Mainland Tanzania, 1884-1914. 2., korrig. Aufl., Helsinki: Tiedekirja / Hamburg: Lit Verlag (=Studia Historica, 49) (=Studien zur Afrikanischen Geschichte, 10).

Krallert, Wilfried, 1961: Methodische Probleme der Völker- und Sprachenkarten. In: Internationales Jahrbuch für Kartographie, 1, S. 99-120.

Kramer, Fritz, 1981: Verkehrte Welten: Zur imaginären Ethnographie des 19. Jahrhunderts. 2. Aufl., Frankfurt a.M.: Syndikat.

Kretschmer, Ingrid, 1965: Die thematische Karte als wissenschaftliche Aussageform der Volkskunde: Eine Untersuchung zur volkskundlichen Kartographie. Bad Godesberg: Bundesanstalt für Landeskunde und Raumforschung (=Forschungen zur Deutschen Landeskunde, 153).

- 1990: Österreichische kartographische Leistungen in Ostafrika. In: Wolfgang Scharfe, Heinz Musall & Joachim Neumann (Hg.), 4. Kartographiehistorisches Colloquium: Karlsruhe 1988, Vorträge und Berichte. Berlin: Dietrich Reimer Verlag, S. 11-20.
- mit Johannes Dörflinger & Franz Wawrik (Hg.), 1986: Lexikon zur Geschichte der Kartographie: Von den Anfängen bis zum Ersten Weltkrieg. 2. Bde., Wien: Deuticke (=Die Kartographie und ihre Randgebiete, Bd. C).

Lentz, Carola, 1997: Ethnizität und die Interpretation der Vergangenheit. In: Jan-Georg Deutsch & Albert Wirz (Hg.), Geschichte in Afrika: Einführung in Probleme und Debatten. Berlin: Das Arabische Buch (=Zentrum Moderner Orient, Studien 7). 149-174.
- 1998: „Lobi", „Dagarti" und „Lobi-Dagarti": Die Konstruktion ethnischer Grenzen. Kap. 4 in *idem*, Die Konstruktion von Ethnizität: Eine politische Geschichte Nord-West-Ghanas 1870-1990. Köln: Köppe (=Studien zur Kulturkunde, 112) (zugl.: Berlin, Freie Univ., Habil.-Schr., 1996), S. 147-173.

Leser, Hartmut, 1980: Geographie. Braunschweig: Westermann (=Das Geographische Seminar).
- & Rita Schneider-Sliwa, 1999: Geographie - eine Einführung: Aufbau, Aufgaben und Ziele eines integrativ-empirischen Faches. Braunschweig: Westermann (=Das Geographische Seminar).

Luig, Ute & Achim von Oppen, 1997: Landscape in Africa: process and vision. An introductory essay. Paideuma, 43 (Themenheft: The Making of African Landscapes, hg. von Ute Luig & Achim von Oppen), S. 7-45.

von Luschan, F(elix), 1896: Instruktion für ethnographische Beobachtungen und Sammlungen in Deutsch-Ostafrika, In: Mitheilungen von Forschungsreisenden und Gelehrten aus den deutschen Schutzgebieten, 9, S. 89-99.

MacEachren, Alan M., 1995: How Maps Work: Representation, Visualization, and Design. New York: Guilford Press.

Monmonier, Mark, 1996: How to Lie with Maps. 2. Aufl., Chicago/London: University of Chicago Press.

Nigmann, Ernst, 1911: Geschichte der kaiserlichen Schutztruppe für Deutsch-Ostafrika. Berlin: Mittler.

Noyes, John Kenneth, 1994: The natives in their places: „ethnographic cartography" and the representation of autonomous spaces in Ovamboland, German South West Africa. In: History and Anthropology, 8, S. 237-264.

Obst, Erich, 1921: Die deutsche Kolonialkartographie. In: Hans Praesent (Hg.), Beiträge zur deutschen Kartographie. Leipzig: Akademische Verlagsgesellschaft, S. 98-118.

Ogot, Bethwell A., 1996: Ethnicity, nationalism and democracy: A kind of historiography. In: *idem* (Hg.), Ethnicity, Nationalism and Democracy in Africa. Nairobi: Institute of Research and Postgraduate Studies, Maseno University College, S. 16-27.

Pillewizer, Wolfgang, 1941: Der Anteil der Geographie an der kolonialen Erschließung Deutsch-Ostafrikas. In: Jahrbuch der Kartographie, S. 145-175

Pohl, Jürgen, 1993: Regionalbewußtsein als Thema der Sozialgeographie: Theoretische Überlegungen und empirische Untersuchungen am Beispiel Friaul. Kallmünz/Regensburg: Verlag Michael Laßleben (=Münchener Geographische Hefte, 70).

Ranger, Terence, 1983: The invention of tradition in colonial Africa. In: Eric Hobsbawm & Terence Ranger (Hg.), The Invention of Tradition. Cambridge: Cambridge University Press, S. 211-262.
- 1995: The nature of ethnicity: lessons from Africa, Ms., Vortrag gehalten am Seminar für Afrika- und Asienwissenschaften, Humboldt-Universität Berlin, Oktober 1995.

Ratzel, Friedrich, 1912 [1891]: Anthropogeographie. Zweiter Teil: Die geographische Verbreitung des Menschen. 2., erg. Aufl., Stuttgart: Verlag von J. Engelhorns Nachf.

Reckziegel, Manfred, 1985: Heinrich Berghaus - Der erste thematische Erdatlas entsteht. In: Gottfried Suchy (Hg.), Gothaer Geographen und Kartographen: Beiträge zur Geschichte der Geographie und Kartographie. Gotha: VEB Hermann Haack, Geographisch-Kartographische Anstalt (=Geographische Bausteine, NR 26), S. 53-62.

Rex, John, 1990: „Rasse" und „Ethnizität" als sozialwissenschaftliche Konzepte. In: Eckhard J. Dittrich & Frank-Olaf Radtke (Hg.), Ethnizität: Wissenschaft und Minderheiten. Opladen: Westdeutscher Verlag, S. 141-154.

Royce, Anya Peterson, 1982: Ethnic Identiy: Strategies of Diversity. Bloomington: Indiana University Press.

Rottland, Franz, 1996: Hamiten, Neger, Négritude: Zur Geschichte einer afrikanischen Klassifikation. In: Paideuma, 42, S. 53-62.

Scharfe, Wolfgang, 1990: Kartographiegeschichte: Grundlagen – Aufgaben - Methoden. In: Wolfgang Scharfe, Heinz Musall & Joachim Neumann (Hg.), 4. Kartographiehistorisches Colloquium: Karlsruhe 1988, Vorträge und Berichte. Berlin: Dietrich Reimer Verlag, S. 1-10.

Schoeller, Max, 1901: Mitteilungen über meine Reise nach Äquatorial-Ost-Afrika und Uganda 1897-1897. 3 Bde., Berlin: Dietrich Reimer Verlag.

Sprigade, Paul & Max Moisel, 1914: Die Aufnahmemethoden in den deutschen Schutzgebieten und die deutsche Kolonial-Kartographie. In: Zeitschrift der Gesellschaft für Erdkunde, 49, S. 527-545.

Stone, Jeffrey C., 1988: Imperialism, colonialism and cartography. In: Transactions of the Institute of British Geographers, NS 13, S. 57-64.
- 1995: A Short History of the Cartography of Africa. Lewiston/Queenston/Lampeter: The Edwin Mullen Press (=African Studies, 39).

Stuhlmann, Franz, 1894a: Bericht über eine Reise im Hinterlande von Bagamoyo, in Ukami und Uluguru. In: Mittheilungen von Forschungsreisenden und Gelehrten aus den deutschen Schutzgebieten, 7, S. 282-296.

- 1894b: Mit Emin Pascha ins Herz von Afrika: Ein Reisebericht mit Beiträgen von Dr. Emin Pascha, in seinem Auftrage geschildert. 3 Bde. (inkl. Kartenband), Berlin: Dietrich Reimer Verlag.

Turnbull, David, 1993: Maps are Territories: Science is an Atlas. A Portfolio of Exhibits. Chicago: University of Chicago Press.
- 1996: Cartography and science in early modern Europe: mapping the construction of knowledge spaces. In: Imago Mundi, 48, S. 5-24.

Weiß, Max, 1910: Die Völkerstämme im Norden Deutsch-Ostafrikas. Berlin: Carl Marschner.

Weule, Karl, 1897: Reise in dem Hinterlande von Lindi. In: Deutsches Kolonialblatt, 8, S. 374-378.
- 1908: Wissenschaftliche Ergebnisse meiner ethnographischen Forschungsreise in den Südosten Deutsch-Ostafrikas (=Mitteilungen den deutschen Schutzgebieten, Ergänzungsheft 1).

Willis, Justin, 1996: Invented tribes? Two East African examples. In: Bethwell A. Ogot (Hg.), Ethnicity, Nationalism and Democracy in Africa. Nairobi: Institute of Research and Postgraduate Studies, Maseno University College, S. 10-15.

Witt, Werner, 1979: Lexikon der Kartographie. Wien: Deuticke (=Die Kartographie und ihre Randgebiete, Bd. B).

von Wolzogen, Christoph, 1986: Zur Geschichte des Dietrich Reimer Verlages 1845-1985. Berlin: Dietrich Reimer Verlag.

Wood, Denis (mit John Fels), 1992: The Power of Maps. New York/London: Garland (=Mappings: Society/Theory/Space).

Woodward, David & G. Malcolm Lewis (Hg.), 1998: Cartography in the Traditional African, American, Arctic, Australian, and Pacific Societies. Chicago/London: University of Chicago Press (=The History of Cartography, Bd. 2, Buch 3).

Worby, Eric, 1994: Maps, names and ethnic games: the epistomology and iconography of colonial power in northwestern Zimbabwe. In: Journal of Southern African Studies, 20/3, S. 371-392.

ZENTRUM MODERNER ORIENT

ARBEITSHEFTE

Nr. 1 ANNEMARIE HAFNER/JOACHIM HEIDRICH/PETRA HEIDRICH: Indien: Identität, Konflikt und soziale Bewegung

Nr. 2 HEIKE LIEBAU: Die Quellen der Dänisch-Halleschen Mission in Tranquebar in deutschen Archiven. Ihre Bedeutung für die Indienforschung

Nr. 3 JÜRGEN HERZOG: Kolonialismus und Ökologie im Kontext der Geschichte Tansanias - Plädoyer für eine historische Umweltforschung (herausgegeben von Achim von Oppen)

Nr. 4 GERHARD HÖPP: Arabische und islamische Periodika in Berlin und Brandenburg, 1915 - 1945. Geschichtlicher Abriß und Bibliographie

Nr. 5 DIETRICH REETZ: Hijrat: The Flight of the Faithful. A British file on the Exodus of Muslim Peasants from North India to Afghanistan in 1920

Nr. 6 HENNER FÜRTIG: Demokratie in Saudi-Arabien? Die Āl Saʿūd und die Folgen des zweiten Golfkrieges

Nr. 7 THOMAS SCHEFFLER: Die SPD und der Algerienkrieg (1954-1962)

Nr. 8 ANNEMARIE HAFNER (Hg.): Essays on South Asian Society, Culture and Politics

Nr. 9 BERNT GLATZER (Hg.): Essays on South Asian Society, Culture and Politics II

Nr. 10 UTE LUIG/ACHIM VON OPPEN (Hg.): Naturaneignung in Afrika als sozialer und symbolischer Prozess

Nr. 11 GERHARD HÖPP/GERDIEN JONKER (Hg.): In fremder Erde. Zur Geschichte und Gegenwart der islamischen Bestattung in Deutschland

Nr. 12 HENNER FÜRTIG: Liberalisierung als Herausforderung. Wie stabil ist die Islamische Republik Iran?

Nr. 13 UWE PFULLMANN: Thronfolge in Saudi-Arabien - vom Anfang der wahhabitischen Bewegung bis 1953

Nr. 14 DIETRICH REETZ/HEIKE LIEBAU (Hg.): Globale Prozesse und "Akteure des Wandels": Quellen und Methoden ihrer Untersuchung

Nr. 15 JAN-GEORG DEUTSCH/INGEBORG HALENE (Hg.): Afrikabezogene Nachlässe in den Bibliotheken und Archiven der Bundesländer Berlin, Brandenburg und Mecklenburg-Vorpommern

Nr. 16 HENNER FÜRTIG/GERHARD HÖPP (Hg.): Wessen Geschichte? Muslimische Erfahrungen historischer Zäsuren im 20. Jahrhundert

Nr. 17 AXEL HARNEIT-SIEVERS (Hg.): Afrikanische Geschichte und Weltgeschichte: Regionale und universale Themen in Forschung und Lehre

Nr. 18 GERHARD HÖPP: Texte aus der Fremde. Arabische politische Publizistik in Deutschland, 1896-1945. Eine Bibliographie

Nr. 19 HENNER FÜRTIG (Hg.): Abgrenzung und Aneignung in der Globalisierung: Asien, Afrika und Europa seit dem 18. Jahrhundert

Nr. 20 JAN-GEORG DEUTSCH/BRIGITTE REINWALD (Hg.): Space on the move : transformations of the Indian Ocean space in the nineteenth and twentieth century

Nr. 21 THOMAS ROTTLAND: Von Stämmen und Ländern und der Macht der Karte. Eine Dekonstruktion der ethnographischen Kartierung Deutsch-Ostafrikas

STUDIEN

Bd. 1   JOACHIM HEIDRICH (Hg.): Changing Identities. The Transformation of Asian and African Societies under Colonialism

Bd. 2   ACHIM VON OPPEN/RICHARD ROTTENBURG (Hg.): Organisationswandel in Afrika: Kollektive Praxis und kulturelle Aneignung

Bd. 3   JAN-GEORG DEUTSCH: Educating the Middlemen: A Political and Economic History of Statutory Cocoa Marketing in Nigeria, 1936-1947

Bd. 4   GERHARD HÖPP (Hg.): Fremde Erfahrungen: Asiaten und Afrikaner in Deutschland, Österreich und in der Schweiz bis 1945

Bd. 5   HELMUT BLEY: Afrika: Geschichte und Politik. Ausgewählte Beiträge 1967-1992

Bd. 6   GERHARD HÖPP: Muslime in der Mark. Als Kriegsgefangene und Internierte in Wünsdorf und Zossen, 1914 - 1924

Bd. 7   JAN-GEORG DEUTSCH/ALBERT WIRZ (Hg.): Geschichte in Afrika. Einführung in Probleme und Debatten

Bd. 8   HENNER FÜRTIG: Islamische Weltauffassung und außenpolitische Konzeptionen der iranischen Staatsführung seit dem Tod Ajatollah Khomeinis

Bd. 9   BRIGITTE BÜHLER: Mündliche Überlieferungen: Geschichte und Geschichten der Wiya im Grasland von Kamerun

Bd. 10 KATJA FÜLLBERG-STOLBERG/PETRA HEIDRICH/ELLINOR SCHÖNE (Hg.): Dissociation and Appropriation: Responses to Globalization in Asia and Africa

Bd. 11 GERDIEN JONKER (Hg.): Kern und Rand. Religiöse Minderheiten aus der Türkei in Deutschland

Bd. 12 REINHART KÖßLER/DIETER NEUBERT/ACHIM V. OPPEN (Hg.): Gemeinschaften in einer entgrenzten Welt

Bd. 13 GERHARD HÖPP/BRIGITTE REINWALD (Hg.): Fremdeinsätze. Afrikaner und Asiaten in europäischen Kriegen, 1914 - 1945

Bd. 14 PETRA HEIDRICH/HEIKE LIEBAU (Hg.): Akteure des Wandels. Lebensläufe und Gruppenbilder an Schnittstellen von Kulturen

Bd. 15 DIETRICH REETZ (Hg): Sendungsbewußtsein oder Eigennutz: Zu Motivation und Selbstverständnis islamischer Mobilisierung

BD. 16 GERHARD HÖPP (Hg.): Mufti-Papiere. Briefe, Memoranden, Reden und Aufrufe Amīn al-Ḥusainīs aus dem Exil, 1940-1945

SCHRIFTEN DES ARBEITSKREISES MODERNE UND ISLAM

Bd. 3   GERHARD HÖPP/NORBERT MATTES (Hg.): Berlin für Orientalisten. Ein Stadtführer

In Vorbereitung:

STUDIEN

KATJA FÜLLBERG-STOLBERG: Amerika in Afrika. Die Rolle der Afroamerikaner in den Beziehungen zwischen den USA und Afrika, 1880-1910

BRIGITTE REINWALD: „Die Kenntnis Europas und eine gewisse Leichtigkeit des Lebens". Kriegserfahrungen und Lebensstrategien westafrikanischer Weltkriegsveteranen der französischen Kolonialarmee (Arbeitstitel)

Bei Fragen zur Produktsicherheit wenden Sie sich bitte an:
If you have any questions regarding product safety,
please contact:

Walter de Gruyter GmbH
Genthiner Straße 13
10785 Berlin
productsafety@degruyterbrill.com